FRIEDRICH ROMIG

Die Rechte der Nation

Friedrich Romig

Die
Rechte
der Nation

Leopold Stocker Verlag

Graz – Stuttgart

Die Deutsche Bibliothek – CIP-Einheitsaufnahme

Romig, Friedrich:
Die Rechte der Nation / Friedrich Romig. – Graz ; Stuttgart : Stocker, 2002
ISBN 3-7020-0943-4

Hinweis:
Dieses Buch wurde auf chlorfrei gebleichtem Papier gedruckt.
Die zum Schutz vor Verschmutzung verwendete Einschweißfolie ist aus
Polyethylen chlor- und schwefelfrei hergestellt. Diese umweltfreundliche
Folie verhält sich grundwasserneutral, ist voll recyclingfähig und ver-
brennt in Müllverbrennungsanlagen völlig ungiftig.

ISBN 3-7020-0943-4
Layout: Ecotext-Verlag, Mag. G. Schneeweiß-Arnoldstein, A-1010 Wien
Printed in Austria
Gesamtherstellung: Druckerei Theiss GmbH, A-9431 St. Stefan

Inhalt

Statt eines Vorworts

„Der Reichsfürst will sich lösen von dem Reich,
Dann kommt der Adel und bekämpft die Fürsten;
Den gibt die Not, die Tochter der Verschwendung,
Drauf in des Bürgers Hand, des Krämers, Mäklers,
Der allen Wert abwägt nach Goldgewicht.
Der dehnt sich breit und hört mit Spotteslächeln
Von Toren reden, die man Helden nennt,
Von Weisen, die nicht klug für eigenen Säckel,
Von allem, was nicht nützt und Zinsen trägt.

Bis endlich aus der untersten der Tiefen
Ein Scheusal aufsteigt, gräßlich anzusehen,
Mit breiten Schultern, weitgespaltenem Mund,
Nach allem lüstern und durch nichts zu füllen.
Das ist die Hefe, die den Tag gewinnt,
Nur um den Tag am Abend zu verlieren,
Angrenzend an das Geist- und Willenlose.
Der ruft: ‚Auch mir mein Teil, vielmehr das Ganze!
Sind wir die Mehrzahl doch, die Stärkern doch,
Sind Menschen so wie ihr, uns unser Recht!'

Des Menschen Recht heißt hungern, Freund, und leiden.
Eh noch ein Acker war, der frommer Pflege
Die Frucht vereint, den Vorrat für das Jahr;
Als noch das wilde Tier, ein Brudermörder,
Den Menschen schlachtete, der waffenlos,
Als noch der Winter und des Hungers Zahn,
Alljährlich Ernte hielt von Menschenleben,
Begehrst ein Recht Du, als ursprünglich erstes?
So kehr zum Zustand wieder, der der erste!
Gott aber hat die Ordnung eingesetzt,
Von da an ward es licht, das Tier ward Mensch.

Ich sage Dir: Nicht Skythen und Chazaren,
Die einst den Glanz getilgt der alten Welt,
Bedrohen unsere Zeit, nicht fremde Völker:
Aus eigenem Schoß ringt los sich der Barbar,
Der, wenn erst ohne Zügel, alles Große,
Die Kunst, die Wissenschaft, den Staat, die Kirche
Herabstürzt von der Höhe, die sie schützt,
Zur Oberfläche eigener Gemeinheit,
Bis alles gleich, ei ja, weil alles niedrig."

Franz Grillparzer: Ein Bruderzwist in Habsburg,
dritter Aufzug

Die Rechte der Nation

Bei den alle zwei Jahre in der Sommerresidenz des Papstes stattfindenden Castel-Gandolfo-Gesprächen hielt im Jahr 1996 der polnische Philosoph Józef Tischner einen überaus bemerkenswerten Vortrag über „Die Nation und ihre Rechte",[1] mit dem er in das Denken Johannes' Paul II. zu diesem Thema einführte. Der Papst hat in seiner Ansprache vor den Vereinten Nationen im Oktober 1995 mit Nachdruck diese so vernachlässigten Rechte der Nationen eingefordert: „Die Allgemeine Erklärung der Menschenrechte, die 1948 angenommen wurde, hat ausführlich die Rechte der Persönlichkeit behandelt. Aber es gibt noch keine ähnliche internationale Vereinbarung, die angemessen die Rechte der Nationen aufgegriffen hätte"[2] (n. 6). Der Papst erinnerte daran, daß der Zweite Weltkrieg mit all seinen Schrecken „wegen Verletzung der Rechte der Nationen entstanden ist" (n. 5), wobei er wohl an Versailles, die Vororteverträge und das den Völkern verweigerte Recht auf Selbstbestimmung gedacht hat. Gerade in der zweiten Hälfte des zwanzigsten Jahrhunderts habe „das Streben nach Freiheit nicht nur den einzelnen Menschen, sondern auch die Nationen erfaßt" (n. 5). Dieses Freiheitsstreben sei nicht aufzuhalten, wie die „unblutigen Revolutionen des Jahres 1989 in Mittel- und Osteuropa" (n. 4) gezeigt hätten, bei denen, wenn wir dem letzten Sekretär der KPdSU, Michail Gorbatschow, glauben dürfen, der Papst ja selbst durch sein unbeugsames Eintreten für Gerechtigkeit und Wahrheit gegen die Lüge des Kommunismus eine wichtige Rolle gespielt hat.

---

1 J. Tischner: Die Nation und ihre Rechte. Einführung in die Ansprache Johannes' Paul II. vor den Vereinten Nationen im Oktober 1995, in: K. Michalski (Hrsg.): Aufklärung heute. Castel-Gandolfo-Gespräche 1996, Stuttgart 1997, S. 122–145.

2 Alle Zitate aus der Ansprache des Papstes nach: Address of His Holiness Pope John Paul II. to the Fifth General Assembly of the United Nations Organization, New York, October 5, 1995, Tipografia Vaticana, Rom o.J., gemäß der offiziellen deutschen Übersetzung im L'Osservatore Romano, 25. Jg., Nr. 41, 13. Okt. 1995. Die Absatznumerierung bezieht sich auf das engl. Original.

Durch ihre soziale Natur sind die Menschen an bestimmte Gruppen gebunden, „vor allem an die Familie, sodann an verschiedene Gruppen der Zugehörigkeit, bis hin zum Gesamten der betreffenden ethnisch-kulturellen Gruppe, die nicht von ungefähr als ‚Nation' bezeichnet wird, was an ‚nascere' (geboren werden) denken läßt, während die Benennung ‚patria' (Vaterland) an die Realität der Familie selbst erinnert", gibt der Papst zu bedenken (n. 7). Wie Tischner verdeutlicht, unterscheidet er die Gemeinschaft des Volkes, die Nation und das Vaterland, die für ihn in einem sich aufstufenden, logischen Zusammenhang stehen, wobei die niedrigere Form „ideomotorisch" sich auf die höhere zubewegt. Die Gemeinschaft des Volkes bezeichnet dabei wohl mehr die natürliche „Lebenswelt", den Zusammenhalt mit den Angehörigen, das Mütterliche, auch die „dionysische Dimension", die sich in unbändiger Lebenslust ausdrückt. „Im ‚Volkhaften' ist das Erste nicht das ‚Ich', sondern das ‚Wir'. Das ‚Ich' kommt erst nach dem ‚Wir'", so Tischner. „Das ‚Volk' ist ‚partikular', an Ort und Zeit gebunden, in sich geschlossen (Anm.: also keine „offene Gesellschaft"!) und das ‚Fremde' abstoßend, zugleich ist es der Ort, an dem sich zum ersten Mal das Universale äußert", und zwar auf sehr emotionale Weise, mit der die „Wahrheit über das Leben" auch heute wieder entdeckt wird, welche „unter dem Einfluß des Rationalismus dem Vergessen anheimfiel." Diese Wiederentdeckung des Volkes ist für Tischner „das Werk der Romantik".

Über diese emotionale Ebene des Volkhaften erhebt sich die Nation, die ganz der Sphäre der bewußt ergriffenen und bejahten Kultur angehört. Jedes Volk will zur Nation werden. In seiner bereits klassisch gewordenen Enzyklika über die menschliche Arbeit (Laborem exercens, 1981) hat Johannes Paul II. diesen Sachverhalt eindrucksvoll beschrieben: „Die Volksgemeinschaft – auch wenn sie noch nicht die ausgereifte Form einer Nation erreicht hat – ist nicht nur die große, wenn auch mittelbare ‚Erzieherin' jedes Menschen (da ja jeder sich in der Familie die Gehalte und Werte zu eigen macht, die in ihrer Gesamtheit die Kultur einer bestimmten Nation ausmachen), sie ist auch die große und historische Inkarnation der Arbeit aller bisherigen Generationen. All das bewirkt, daß der Mensch seine tiefste menschliche Identität mit der Zugehörigkeit zu einer Nation verbindet und seine Arbeit auch als eine

mit seinen Landsleuten zusammen zu erarbeitende Mehrung des Gemeinwohls versteht und sich Rechenschaft gibt, daß auf diesem Wege
die Arbeit dazu beiträgt, das Erbgut der ganzen Menschheitsfamilie…
zu wahren" (n. 10.3). Der Papst sieht also in der Nation „die ausgereifte
Form der Volksgemeinschaft", die sich ihrer kulturellen Eigenart bewußt ist und als Erzieherin kulturelle Identität stiftet. Die Nation hat für
ihn überindividuellen und überzeitlichen Charakter, sie verbindet Individuum und Gemeinschaft, Vergangenheit und Zukunft, Zeit und
Ewigkeit, die vorangegangen, die gegenwärtigen und die künftigen
Generationen in ihrer Arbeit am kulturellen Erbe, das sie „inkarniert"
und damit in „Fleisch und Blut" der Angehörigen der Nation überge-
hen läßt. Die Nation kann nicht treffender, so schrieb einst Pater Johannes Messner, der große katholische Naturrechtler, als mit Hegels
Ausdruck „objektiver Geist" gekennzeichnet werden, weil sie unabhängig von jedem einzelnen besteht, während doch jeder einzelne darin
geistig wurzelt.[3] Nationen haben immer Geschichte, ihnen haftet nichts
„Statisches" an, sie sind, so lange sie leben, „Prozeß", ja „Produkt" der
Geschichte. Die Geschichte erzählt vom Drama der Nation, sie erinnert
an Bedrängnisse, Kriege und Siege, an Heldengestalten, an die Krieger, Heiligen und Staatsmänner, durch die sich die Nation als ganze
und jeder einzelne zu gemeinsamen Idealen aufgerufen sieht. Anders
als durch die Volksgemeinschaft und die Nation kann der Mensch gar
nicht am geschichtlichen und kulturellen Erbe partizipieren, das ihn
durchformt, prägt und sein Schicksal mitbestimmt. Daher gehört die
Zugehörigkeit zu einer Nation, der der Mensch seine kulturelle Identität verdankt, zu den Grundrechten des Menschen. Die Rechte der Nationen sind daher für den Papst „nichts anderes als die auf dieser Ebene
des Gemeinschaftslebens gepflegten ‚Menschenrechte'. Das Studium
dieser Rechte ist gewiß nicht einfach, wenn wir bedenken, wie schwer
es ist, auch nur den Begriff ‚Nation' zu definieren, der nicht a priori
und zwangsläufig mit dem Staat gleichgesetzt werden darf. Dennoch
muß dieses Studium in Angriff genommen werden, wenn wir die Feh-

---

3 J. Messner: Das Naturrecht, 4. Aufl., Innsbruck 1960, S. 565f.

ler der Vergangenheit vermeiden und der Welt eine gerechte Ordnung sichern möchten" (n. 8).

Der Papst ist sich der Gefahr der Übersteigerung der Idee der Nation zum Nationalismus durchaus bewußt, welcher anderen Nationen ihre Lebensrechte abspricht oder sie sogar mit Gewalt unterdrückt. Der Begriff der Nation hat für ihn „relationalen" Charakter, er kann nur erfaßt werden durch das, was die eigene Nation von anderen Nationen unterscheidet, aber zugleich auch mit anderen Nationen verbindet. Tischner sieht wohl ganz im Sinne des Papstes in jeder Nation eine „Persönlichkeit", die sich durch ihre Eigenart von jeder anderen Nation unterscheidet und damit abgrenzt. Nur weil sich Nationen gegenseitig abgrenzen und unterscheiden, können sie sich verbinden und ihre Autonomie auch gegenseitig respektieren. Nationen haben daher für den Papst nicht nur Rechte, sondern auch Pflichten: „Die wichtigste dieser Pflichten ist sicherlich die Pflicht im Geiste des *Friedens*, des *Respekts* und der *Solidarität* mit anderen Nationen zu leben" (n. 8). Eine Nation, die danach trachtet, einer anderen Nation die Freiheit zu rauben, ist selbst nicht frei. Die gegenseitige Anerkennung ihres Rechts auf Freiheit und kulturelle Entfaltung verbindet die Nationen, und das Bewußtsein um die Stärke dieser Verbundenheit in Freiheit ist kein Zeichen der Schwäche, sondern Attribut der Vollkommenheit und der eigenen Souveränität. Daher steht, wie der Papst unmißverständlich festhält, an erster Stelle des Rechts der Nationen das Recht auf ihre Existenz: „Vorbedingung für alle anderen Rechte einer Nation ist sicherlich das Recht auf *Existenz*. Niemand also – weder ein Staat noch eine andere Nation noch eine internationale Organisation – ist jemals zu der Ansicht berechtigt, daß eine einzelne Nation nicht wert sei zu existieren" (n. 8). Dieses Recht auf Existenz „schließt für jede Nation auch das Recht auf *die eigene Sprache und Kultur* ein, durch die ein Volk sich ausdrückt und die das fördern, was ich die ihm eigene geistige ‚Souveränität' nennen möchte" (n. 8). Jede Nation, so fährt der Papst fort, hat auch „das Recht, ihr Leben nach den eigenen *Überlieferungen* zu gestalten" und „ihre eigene Zukunft aufzubauen und für eine angemessene *Ausbildung* ihrer jüngeren Generationen zu sorgen" (n. 8). Gerade durch die Anerkennung der Rechte der Nation kann dem „explodierenden Bedürfnis nach Identifikation und Überdauern" und nach „einer

Art Gegengewicht gegen die Tendenz zur Vereinheitlichung" (n. 7) Rechnung getragen werden.

Über die ethnisch-kulturelle Bedeutung der Nation erhebt sich schließlich das Vaterland, das mehr noch als ein corpus von Rechten als ein corpus von Pflichten begriffen werden muß, es zu behüten und zu verteidigen, selbst unter Hingabe von Gut und Leben. „Das Vaterland ist eine große kollektive Pflicht – *un devoir collectif*"[4]. Der Antrieb aber, diese „kollektiven" Pflichten zu erfüllen, muß von innen kommen, aus dem Herzen, in dem das Heimatgefühl seinen Sitz hat. Anders ist ja nicht zu erklären, daß Menschen zur Erringung und Verteidigung der Unabhängigkeit ihres Vaterlandes zum Opfer ihres Lebens bereit sind. Auch der Staat will zum Vaterland werden, er mag ein „Volksstaat" sein, ein „Nationalstaat" oder ein „Vielvölkerstaat", das Vaterland ist die „intendierte" Bestimmung auch des Staates.

Der Papst erinnerte in seiner Ansprache an die Tradition der Kirche, die Rechte der Nation zu verteidigen, so an das Konzil von Konstanz im 15. Jahrhundert, „als Vertreter der Krakauer Akademie, angeführt von Pawel Wlodkowic, mutig für die Rechte einiger europäischer Nationen auf Existenz und Unabhängigkeit eintraten. Noch bekannter ist die Diskussion über die Völker der Neuen Welt, zu der es in derselben Zeit an der Universität zu Salamanca kam. Was unser Jahrhundert betrifft, so kann ich nicht umhin, an die prophetischen Worte meines Vorgängers Benedikt XV. zu erinnern, der während des Ersten Weltkrieges allen ins Gedächtnis rief, daß ‚Nationen nicht sterben', und dazu aufrief, ‚die Rechte und die berechtigten Bestrebungen der Völker gewissenhaft in Erwägung zu ziehen'" (n. 6).

Józef Tischner hat sicher recht, wenn er meint, der Papst habe mit seiner Ansprache vor der Generalversammlung der UNO über die Rechte der Nationen nicht bloß eine fundamentale Frage angeschnitten, sondern auch Denkanstöße geliefert, wie sie zu beantworten sei. Hier weiterzuarbeiten, wäre des Schweißes der Besten wert, besteht doch die Gefahr, daß die Nationen durch eine seit mehreren Jahrzehnten systematisch verfolgte Politik ausgelöscht werden. Der Versuch,

---

4 Tischner (FN 1), S. 134.

die Nation durch den grenzenlosen Markt zu ersetzen, ließ die „Globa-
lisierungsfalle" zuschnappen und den Glauben an die Gestaltungs-
fähigkeit der Gesellschaft durch die Politik zerbrechen. Zunehmend
wird heute begriffen, daß die Aufhebung der Grenzen die Gemeinschaft des Volkes, die Nation und das Vaterland zerstört. Ein Volk
ohne Heimat, eine Nation ohne kulturell-ethnische Einheit, ein Vaterland ohne Grenzen – sie gleichen einem Körper ohne Haut. Er rinnt
aus, wird amorph und verschwindet. Nicht wenige der die Macht
ausübenden „Repräsentanten des Volkes" vergreifen sich heute an der
Integrität und Souveränität der eigenen Nation. Dieser Politik der Auflösung der Nationen wirft sich der Papst mit seiner ganzen moralischen
Autorität entgegen, er, der von sich sagen kann, „der Sohn einer Nation
(zu sein), die die schrecklichsten geschichtlichen Prüfungen über-
standen hat, die von ihren Nachbarn mehrfach zum Tode verurteilt
wurde – und doch ist sie am Leben und sich selbst treu geblieben. Sie
hat ihre Identität bewahrt, und sie hat während der Teilungen und Be-
satzungen ihre Souveränität als Nation bewahrt, gestützt auf keinerlei
Mittel physischer Macht, sondern nur auf die eigene Kultur, die sich in
diesem Fall als den anderen (Anm.: sie unterdrückenden) Mächten
überlegen erwies."[5]

Wer die Botschaft des Papstes über die Rechte der Nationen auf-
nimmt, wird sich zuallererst um geistige Klarheit und die Entwicklung
einer ganzheitlichen, organischen Gesellschafts- und Staatslehre bemühen müssen, für die Gemeinwohl und Gerechtigkeit, Subsidiarität
und Solidarität, Gemeinschaft und Genossenschaft, Selbstbestimmung
und Selbstverwaltung, Autonomie und (relative) Autarkie, Hierarchie
und Autorität, Elite und Exzellenz, Führung und Gefolgstreue keine
Fremdworte sind. Er wird daher nicht umhinkönnen, sich mit den edel-
sten Früchten des deutschen Geistes zu befassen, der Romantik und
dem Idealismus, denn hier hat auch das Denken des Papstes über die
Nation und ihre Rechte seine Wurzeln. Anders als durch Glaubenstiefe
und idealistische Philosophie sind Aufklärung und Moderne, die das

---

5 Johannes Paul II. in einem Vortrag in Paris vor der UNESCO im Jahr 1980,
   zitiert nach Tischner (FN 1), S. 128.

Leben der Nationen verwüstet haben, nicht zu überwinden. Nur die geistige Klarheit über das Wesen der Nation kann zu einer Politik der konsequenten Verfolgung ihrer Rechte führen, die sich dann auch sehr praktisch gegen jene „Humanisten" durchsetzen wird, die sich das Aufgehen der Nation in einer multikulturellen Mischmasch-Massengesellschaft zum Ziele gesetzt haben. Sie finden im Papst keine Stütze, denn für ihn führt der Weg zu Gott durch das Volk, hat es doch „Gott gefallen, die Menschen nicht einzeln zu heiligen und zu retten, sondern sie zu einem Volk zu machen, das ihn in Wahrheit anerkennen und ihm in Heiligkeit dienen soll" (Vat. II: Lumen gentium n. 9). Jedes Volk ist Gottesvolk, Ausdruck des göttlichen Willens, unverzichtbarer Teil der Schöpfungsordnung. Wie Mensch und Familie, so sind auch Volk und Nation Abbild des dreieinigen Gottes, des Urbilds der Gemeinschaft. Der Papst weiß: Die Kirche, die nicht mehr in den einzelnen Volkstümern wurzelt, trocknet aus, sie wird unsichtbar und verliert ihre lebensprägende Kraft. Sie ist dann nicht mehr „Seele" und „Lebensprinzip", nicht mehr das „Herz" der Kultur der Nation. Hört aber das Herz zu schlagen auf, verschwindet die Nation zusammen mit der Kirche in einer Art „Weltgesellschaft"[6]. Mag sein, daß durch ununterbrochenes Enter-, Info- und Edutainment der Verlust an Freiheit, der mit dem Verschwinden der Nation und ihrer Rechte verbunden ist, auch kaum noch jemandem bewußt wird.

---

6 Die damit verbundenen Gefahren behandelt bereits Benedikt XV. in seinem Motu proprio vom 25. Juli 1920: „Hier reift nun die Vorstellung von einer wahrhaft universalen Republik heran, die auf der absoluten Gleichheit der Menschen und der Geister beruht, aus welcher jede Unterscheidung nach Nationalitäten verbannt würde... Falls diese Theorien in der Praxis umgesetzt werden, müssen sie unweigerlich eine noch nie dagewesene Schreckensherrschaft entfesseln."

Was bedeuten Volk und Nation für einen Katholiken?

Spricht der Katholik von Volk und Nation, dann schwingt bei ihm wie bei jedem Idealisten eine Menge von Gefühlen und Erlebnissen mit, die er einem anderen nur schwer erklären kann. Es sind Begriffe, die, so wie sein Glaube, an seinen innersten Wesenskern rühren. Sie drücken Zugehörigkeit, Beheimatung und „Identität" aus. Er denkt dabei weniger an seine Rechte als an seine Pflichten, an das kulturelle Erbe, das er übernommen hat, damit er es mehre und weiterreiche an künftige Generationen. Er sieht sich durch dieses Erbe eingebunden in ein Geschehen, das die Zeiten überdauert, das die Lebenden und die Toten schicksalhaft verbindet und noch in den Enkeln weiterwirkt. Jeder, so Johannes Paul II., „verbindet seine tiefste menschliche Identität mit der Zugehörigkeit zu einer Nation".[1] Volk und Nation gehören, übrigens ebenso wie die Familie und der Staat, zu den „Wesenheiten des menschlichen Seins", sie sind eine dem Menschen „inhärierende" oder angeborene Eigenschaft, ist doch der Mensch seiner Schöpfung nach ein „Gemeinschaftswesen", das nur durch, in und mit der Gemeinschaft anderer Menschen existiert. „Von Natur aus", so lehrt der vielgefeierte Papst Leo XIII., „ist es dem Menschen angeboren, in Gemeinschaft zu leben… (und) hat es die göttliche Vorsehung so geordnet, daß er in eine menschliche Gemeinschaft, die häusliche sowohl wie die staatliche, hineingeboren wurde."[2]

Familie, Volk, Nation und die gesamte Völkergemeinschaft sind keine willkürlichen und bloß menschlichen Konstrukte, nicht der Mensch ist Ursprung, Träger und Ziel des Gemeinschaftslebens,

---

1 Johannes Paul II.: Enzyklika über die menschliche Arbeit „Laborem exercens", Rom 1981, 10.
2 Leo XIII.: Enzyklika über den christlichen Staat „Immortale Dei", Rom 1885, 25, in: Arthur Utz / Brigitte Gräfin von Galen: Die Katholische Sozialdoktrin in ihrer geschichtlichen Entfaltung. Eine Sammlung päpstlicher Dokumente vom 15. Jahrhundert bis in die Gegenwart (Originaltext mit Übersetzung), Scientia-humana-Institut, Aachen 1976 (abgek. „Sozialdoktrin").

sondern Gott, „der Regierer der Welt".[3] Er hat die Gemeinschaften in
seiner Schöpfungsordnung „vorgebildet", der Mensch kann stets nur
ein mehr oder minder vollkommenes „Nachbild" schaffen, wenn er eine Familie gründet, Städte baut, Volkstümer bildet, nationale Unabhängigkeit erringt, staatliche Souveränität ausübt oder supranationale
Bündnisse eingeht.

Pius XII., wohl einer der bedeutendsten Päpste, spricht von Volk und
Völkern als einem „Abbild des dreieinigen Gottes",[4] er wählt und be-
nutzt also ganz bewußt jenen Ausdruck, mit dem die Genesis die Ab-
sicht des Schöpfers bei der Erschaffung des Menschen bezeichnet
(Gen 1, 27). Durch diese Gleichsetzung erhält die Gemeinschaft des
Volkes eine hervorragende Bedeutung, sie gewinnt „Substanz". Volk
und Nation sind jetzt nicht mehr bloß ein „Subsidium", gewissermaßen
Krücke und Hilfseinrichtung für Unterhalt und Entfaltung des einzel-
nen, sondern sie erhalten Eigenwert und Eigenwürde, die den einzelnen
Menschen an Rang übertreffen. Mit Nachdruck verweist der Nestor der
Katholischen Soziallehre, Oswald v. Nell-Breuning, auf diesen Vorrang der Gemeinschaft, also auch von Volk und Nation, vor dem einzelnen in begrifflicher, sachlicher, zeitlicher, wert- und würdemäßiger
Hinsicht:[5] „Die menschliche Gesellschaft... ist in der Tat kein bloßes
Mittel für den Einzelmenschen zur Erreichung seines Zieles, sondern
besitzt echten Eigenwert. Dieser nicht nur an Wertfülle, sondern auch
der Wertstufe nach den Einzelmenschen überragende Eigenwert
sichert ihr eindeutig den wertmäßigen Vorrang vor dem Einzelmenschen": Die „Offenbarung der unendlichen inneren Vollkommenheit
Gottes nach außen, die – auch und gerade im Zustand der Vollendung –
die menschliche Gesellschaft vollzieht durch den ganzen Reichtum der
Kulturgüter, in denen sie Gottes unendliche innere Vollkommenheit in
vielfältiger Entfaltung nachbildet, wie auch diese öffentliche Huldi-

---

3 Leo XIII.: Enzyklika über die menschliche Freiheit „Libertas praestantissimum", Rom 1888, 46, in: Sozialdoktrin.
4 Arthur Fridolin Utz / Josef-Fulko Groner (Hrsg.): Aufbau und Entfaltung des
   gesellschaftlichen Lebens. Soziale Summe Pius XII. 3 Bde. Freiburg, Schweiz,
   1954–61 (abgek. U.-G.), n. 226
5 O. v. Nell-Breuning: Einzelmensch und Gesellschaft, Heidelberg 1950, S. 58.

gung, die sie Gott dem Herrn darbringt, sind erhabener, stehen auf einer höheren Stufe als die Verherrlichung, die der auf sich gestellte Einzelmensch Gott zu erweisen vermöchte".[6] Aus diesem Vorrang wird die Aufforderung des hl. Thomas verständlich, unser Vaterland nicht nur zu lieben, sondern „ihm im Pflichtfall alles zu opfern, nur nicht unsere Seele".[7]

Johannes Messner, der bedeutende katholische Naturrechtslehrer, merkt an, daß die Nation „nicht treffender als mit Hegels Ausdruck ‚objektiver Geist' gekennzeichnet werden (kann), weil sie unabhängig von jedem Einzelnen besteht, während doch jeder Einzelne darin geistig wurzelt".[8] Im Volkstum, den Lebensformen, Sitten, Gebräuchen und Traditionen „erlebt sich das Volk als Gemeinschaft, lebt es die Gemeinschaft kraft institutioneller Bindungen und gibt es der geistigen Welt seiner Gemeinschaft die Dauer über die Generationen hinweg". Hier wird es sich „seiner Verbundenheit im gemeinsamen Schicksal" bewußt, nährt es die „Erinnerung… an seine gemeinsame Geschichte, an gemeinsame Bedrängnisse, Kriege und Siege, an seine Heldengestalten in näherer und ferner Vergangenheit, an die Krieger, Heiligen und Staatsmänner, durch die sich das Volk zu gemeinsamen Idealen aufgerufen sieht".[9]

Die Kirche hat daher immer Wert darauf gelegt, daß der Mensch sich durch Bodenständigkeit und in der ererbten Überlieferung fest verwurzelt fühlt, und hat stets getrachtet, „das religiöse Leben auf jede Weise mit dem Brauchtum der Heimat zu verbinden".[10] Sie weiß, daß der Glaube durch die Brechung oder Spiegelung im Volkstum an Lebendigkeit gewinnt. Aus diesem Grunde hat sie auf vielfältige Weise zur Volk-Bildung und Nationwerdung beigetragen. Durch ihre Bibelübersetzungen hat sie die Entwicklung der Nationalsprachen vorangetrieben. Sie hat Meisterwerke auf allen Gebieten der Kunst angeregt. Sie hat den Völkern ihre Nationalheiligen geschenkt und ihre Nationalhei-

6   Ebenda, S. 70.
7   S. th. 1.2, q. 83 a. 1.
8   Johannes Messner: Das Naturrecht, 4. Aufl., Innsbruck 1960, S. 565ff.
9   Ebenda, S. 566.
10 Pius XII.: U.-G. 4101.

ligtümer zum größten Teil errichtet. Sie hat das Volksbrauchtum erhalten, gefördert und vertieft. In vielen Fällen stand sie an der Spitze nationaler Unabhängigkeitsbewegungen, oder sie hat diese auf geistiggeistliche Weise begleitet. Nicht zuletzt ist der Zusammenbruch des Kommunismus im Ostblock auf den unbeugsamen Widerstand der katholischen Kirche und des Papstes aus Polen, Karol Wojtyla, zurückzuführen. Dem Zusammenbruch ist eine neue Blüte des nationalen Lebens unter allen befreiten Völkern gefolgt, sosehr die damit verbundenen Kämpfe und Krämpfe in manchen Ländern die Freude trüben.

Die Kirche, und das ist ihr besonderes Verdienst, blieb dabei frei von nationalem Chauvinismus. Für sie war die nationale Frage immer mit der Reichsidee verknüpft. Die Kirche verkörpert das Reich Gottes auf Erden, das wahre Imperium sacrum, wie das Vatikanum II nicht müde wird zu wiederholen.[11] In diesem Reich werden die Völker gesammelt, damit sie, wie sie aus einem Volke stammen, wieder zu einem Volk werden, dem Volk Gottes. Die Kirche ist geradezu das allumfassende „Sakrament, das heißt Zeichen und Werkzeug... für die Einheit der ganzen Menschheit"[12]. Die Kirche allein verbindet nationale Würde und Selbstbehauptung mit der civitas humana, die sie wie keine andere Institution der Welt repräsentiert.

Die so starke Betonung der Reichsidee durch das Vatikanum II wurde möglich durch eine von Pius XII. erfolgte, höchst bedeutsame Erweiterung des Kirchenbegriffs. Seiner Lehre zufolge gehören zum mystischen Leibe Christi, der die Kirche ist, als Glieder nicht nur die einzelnen Gläubigen, sondern auch die Familien, die heimatlichen Landschaften („Marken"), die Dörfer und Städte, die Völker und die ganze Völkergemeinschaft.[13] Durch diese Einbettung in das hierarchische Gemeinschafts- und Ordnungsgefüge des Imperium sacrum

---

11 Vatikanum II: Dogmatische Konstitution über die Kirche „Lumen gentium", Rom 1964, (abgek. LG), nn. 3, 5, 35, 36; vgl. auch: Vatikanum II: Pastoralkonstitution über die Kirche in der Welt von heute „Gaudium et spes", Rom 1965, n. 45. Beide Dokumente in: Karl Rahner / Herbert Vorgrimler: Kleines Konzilskompendium, 21. Aufl., Freiburg 1989.
12 LG 1.
13 Vgl. Pius XII.: U.-G. 4061, 4054, 4055.

wird jede Übersteigerung oder gar Verabsolutierung des nationalen Gedankens vermieden. Gleichzeitig wird die unverzichtbare Rolle der einzelnen Völker und Nationen deutlich erkannt, nämlich mitzuwirken beim Aufbau des Reiches der „Wahrheit und des Lebens, der Heiligkeit und der Gnade, der Gerechtigkeit, der Liebe und des Friedens", wie es in der Präfation zum Christkönigsfest heißt. Aus der Erfüllung dieser Funktion schöpften Volk und Nation von jeher ihr Recht auf Selbstbestimmung, auf Bewahrung ihrer eigenständigen Kultur und auf Verteidigung der Heimat. Wer die großen Linien der Geschichte nachzieht, wird bald erkennen, daß Volk und Nation keine bessere und warmherzigere Fürsprecherin haben als die Kirche. Darüber kann auch das heute in der Kirche herrschende pluralistische Stimmengewirr nicht hinwegtäuschen.[14]

---

14 Siehe dazu den voranstehenden Beitrag über „Die Rechte der Nation", der die Rede von Johannes Paul II. vor den Vereinten Nationen vom 5. Oktober 1995 behandelt. JP II. mahnt in dieser Rede mit Nachdruck eine Erklärung über die Rechte der Nationen ein, die gegenüber den Menschenrechten bislang vernachlässigt wurden (L'Osservatore Romano, 25. Jg., Nr. 41, 13. Oktober 1995).

Das Recht der Heimat

Zusammenfassung: Zweierlei Heimatrechte werden unterschieden: das Recht des Menschen auf Heimat und das Recht der Heimat auf ihren Schutz. Heimat ist Gottesgeschenk, das durch den Dienst an der Heimat erworben werden will. Wer die Zerstörung der Heimat zuläßt, stört den Gottesfrieden.

Nach katholischer Lehre hat Gott – als der Dreieinige selbst ein Gemeinschaftswesen – den Menschen nach seinem Bild als Gemeinschaftswesen geschaffen, als „Mann und Frau" (Gen 1, 27), berufen zum Leben in Gemeinschaft, d. i. in der Liebe. Der Mensch wird in Gemeinschaften hineingeboren, lebt in ihnen und vollendet sich durch sie. Thomas v. Aquin bezeichnet den Menschen seiner Natur nach als ein „animal sociale et politicum": „Es ist aber die natürliche Bestimmung des Menschen, das für gemeinschaftliches und staatliches Leben erschaffene Geschöpf zu sein, das gesellig lebt, weit mehr als alle anderen Lebewesen."[1] Schon die Notwendigkeit der menschlichen Natur gibt dafür die Erklärung. Durch die seelisch-geistigen Bindungen an Gemeinschaften, durch die Rollen, die er in ihnen spielt, durch die Pflichten, die er erfüllt, durch die Leistungen, die er erbringt, und durch die Rechte, die er erwirbt, wird der Mensch im Vollsinne des Wortes zur „Person", erhält er sein „Eigen", seine unverwechselbare „Identität". Der Mensch ist von seiner Zeugung an so sehr auf Gemeinschaft angewiesen, daß er ohne sie nicht existieren kann. Als Voraussetzung seiner Existenz ist das Recht auf Leben in der Gemeinschaft das Grundrecht des Menschen schlechthin.[2]

---

1 Thomas von Aquin: De regimine principum, 1, 1: „Naturale autem est homini ut sit animal sociale et politicum, in multitudine vivens, magis etiam quam omina alia animalia: quo quedem naturalis necessitas declarat."
2 Weil der Mensch seiner Natur nach immer schon Gemeinschaftswesen ist, impliziert das Menschenrecht auf Leben das Recht auf Leben in der Gemeinschaft, eine Implikation, die vom individualistischen Naturrecht im Gegensatz zum katholischen Naturrecht lange Zeit übersehen wurde und die Entwicklung von Heimat-, Volks- und Volksgruppenrechten hemmte.

Es ist die Zugehörigkeit zu fünf Gemeinschaftskreisen, denen der Mensch die Prägung und Entfaltung seiner Person und damit seiner Identität vor allem verdankt: Familie, Betrieb, Heimat, Volk und Kirche. Die Familienbindungen bestimmen Abstammung und Verwandtschaft; der Betrieb (Haushalt, Anstalt, Unternehmen) ist die Stätte seiner beruflichen Arbeit; die Heimat bestimmt seine räumliche Herkunft und Verwurzelung; in der Gemeinschaft des Volkes erfährt er die Einbindung in die geistige und politische Kultur; durch die Religionsausübung nimmt er teil an der Gottesverehrung. Das Recht auf Familie, das Recht auf Arbeit, das Recht auf Heimat, das Recht auf Volks- und Staatszugehörigkeit sowie das Recht auf Religionsausübung[3] gehören zu den mit der menschlichen Natur verbundenen Rechten, gleichgültig, ob der einzelne diese Rechte in Anspruch nimmt und ausübt oder nicht. Sie sind Grundrechte, die im Recht auf Leben und auf Entfaltung der menschlichen Person zuletzt gründen. Zugleich sind sie Quelle und Säulen eines sich ständig erweiternden Katalogs von sogenannten „Menschenrechten".

Träger von Menschenrechten sind die einzelnen Individuen, Volksgruppen und ganze Völker. Adressaten von Menschenrechten sind Staaten und Staatengemeinschaften, in deren Aufgabenbereich der Schutz der Menschenrechte fällt. Dem Recht auf Schutz seiner Rechte entspricht die Pflicht des Geschützten zu Treue und Loyalität gegenüber dem Staat oder der Staatengemeinschaft, die den Schutz gewährt.

Das Recht auf Heimat ist Teil und wesentlicher Inhalt des Selbstbestimmungsrechts der Völker und Volksgruppen. „Alle Völker haben

---

3   Aus dem Grundrecht der Religionsfreiheit leiten sich die übrigen Freiheitsrechte ab, so insbesondere die Gewissensfreiheit, die Lehrfreiheit, die Meinungsfreiheit, die Versammlungsfreiheit. Der Freiheit verdankt der Mensch seine sittliche Würde, durch sie ist er „Herr seiner Entscheidungen" (Sir 15, 14). Die in Freiheit getroffene Entscheidung, sich Gott (und damit dem Guten) zu- oder abzuwenden, bestimmt die „Güte" des menschlichen Lebens und seine Sinnhaftigkeit. Im Glauben hat der Mensch seine geistige Heimat, seine eigentlichen Wurzeln. Aus der gemeinsam vollzogenen Gottesverehrung, dem Kult, entsteht alle Kultur, die Glaubensgemeinschaft ist die Grundlage jeder Kulturgemeinschaft: Heimat ist Teil der Kulturgemeinschaft des Volkes, die mit ihrer prägenden Kraft Menschenschlag und Landschaft durchtränkt, durchdringt und so „kultiviert".

das Recht auf Selbstbestimmung", und sie können daher frei, d. h. ohne Eingriff von außen über ihren politischen Status entscheiden und ihre wirtschaftliche, gesellschaftliche und kulturelle Entwicklung frei verfolgen, und jeder andere Staat ist verpflichtet, dieses Recht in Übereinstimmung mit den Satzungsvorschriften der Vereinten Nationen zu achten.[4] Mit dem Erringen der staatlichen Unabhängigkeit und Souveränität ist das Recht auf Selbstbestimmung des jeweiligen Volkes konsumiert. Nicht jedoch das der Volksgruppen. Für Volksgruppen gilt das Recht der Selbstbestimmung nur in eingeschränkter Weise. Sie können es nur dann und nur insoweit geltend machen, als sie vom Staat, auf dessen Territorium sie leben, gegenüber anderen Volksgruppen diskriminiert werden. Ihre Treuepflicht zu ihrem Staat kann nur dann entfallen, wenn eine nicht mehr zumutbare Diskriminierung ihrer Gruppe vorliegt, die sich gegen wesentliche Gruppeneigenarten richtet, derentwegen das Selbstbestimmungsrecht üblicherweise beansprucht wird. Nach katholischer Lehre gehört hierzu das Recht der Volksgruppe auf Bewahrung ihrer Identität, ihrer Sprache, ihrer kulturellen und religiösen Traditionen, ihrer Beziehung zum Boden wie überhaupt das Recht, zu existieren.[5]

Innerhalb des Rechtes auf Selbstbestimmung der Volksgruppen dominiert das Heimatrecht. Als Heimatrecht wird unterschieden:

a) das Individualrecht auf das Leben in der Heimat;

b) das Kollektivrecht auf den Schutz der Heimat;

c) die Pflicht des einzelnen, der Heimat zu dienen;

d) das Recht der Heimat, diesen Dienst zu fordern.

Rechte und Pflichten folgen aus dem Begriff „Heimat".

---

4 So die von der Generalversammlung der Vereinten Nationen beschlossene „Erklärung über die Völkerrechtsgrundsätze betreffend die freundschaftlichen Beziehungen und die Zusammenarbeit zwischen den Staaten gemäß der Satzung" vom 24. Oktober 1970 (die sog. „Prinzipienerklärung", UN-Resolution Nr. 2625, General Assembly, Official Records XXV, Supplement 28, S. 121ff).

5 Nachdrücklich betont in der berühmten „Botschaft von Johannes Paul II. zur Feier des Weltfriedenstages am 1. Januar 1988, Punkte 4–11. (Abgedruckt bei I. Gabriel [Hrsg.]: Minderheiten und nationale Frage. Die Entwicklung in Mittel- und Südosteuropa im Lichte der katholischen Soziallehre, Wien 1993, Anhang, S. 251ff).

Der Begriff der Heimat umschließt mehr als die Bande der Familie, der Blutsverwandtschaft, der Sippe und des Stammes. „Umschließen" heißt hier, daß der Heimatbegriff nicht im Widerspruch zu menschlichen Gemeinschaftsbindungen steht, die auf die Abstammung zurückzuführen sind. Solche Bindungen stärken vielmehr das Heimatgefühl, sie sind gewissermaßen der Humus, auf dem Heimat gedeiht, aus dem sie herauswächst. Doch das Fehlen solcher Blutsbande schließt die Zugehörigkeit zur Heimat nicht aus. Das ius sanguinis bildet fast nur noch bei indigenen Völkern die Voraussetzung zum Erwerb des Heimatrechts. Viele Staaten verbinden mit dem ius sanguinis höchstens noch das Recht auf (automatischen) Erwerb der Staatsbürgerschaft, wie neuerdings auch Frankreich.

Auf der anderen Seite ist der Begriff der Heimat enger als jener des Volkes, der Volksgemeinschaft. Es gibt Völker, für die räumliche Grenzen nicht auszumachen und die über die gesamte Erde verstreut sind, die keine gemeinsame Sprache haben und durch lange Zeiträume auch keine staatlich-politische Einheit bildeten, wie das Volk katexochen, die Juden. Was sie verbindet und zum Volk macht, ist ihr gemeinsamer Glaube, ihr „Bund" mit Gott und die Einhaltung der von Gott ihm gegebenen „Gesetze". In seinem innersten Kern beruht jedoch jedes Volk auf einem Bund mit Gott, durch den es zu einer „Facette Gottes" wird (Solowjew). Diesem Bund verdankt jedes Volk seine unverwechselbare Identität, ist doch „seine Religion das Herz seiner Kultur".[6] Sie bewirkt den Zusammenhalt der Volksgruppen, wo immer diese ihre Heimat gefunden haben, in der Einheit des Volkes. Diese Einheit des Volkes wird heute wohl nur in ganz wenigen Fällen durch einen einzigen (National-)Staat repräsentiert, fast alle Staaten

---

6 Für Joseph Kardinal Ratzinger ist Religion die „bestimmende Mitte…, die das Wertgefüge und damit das innere Ordnungssystem der Kulturen bestimmt". Er vergleicht Religion mit dem Herz einer Kultur und kommt zu dem Schluß, daß die Inkulturation oder „Transplantation" einer fremden Religion bewirkt, daß sowohl die Kultur wie die transplantierte Religion sterben. Statt Inkulturation spricht Ratzinger von Inkulturalität und meint damit die freie Begegnung einer Kultur mit einer ihr fremden Religion, der sie entgegenreifen kann, aber nicht muß. (Vortrag: Der christliche Glaube vor der Herausforderung der Kulturen, Salzburg, 2. August 1993, zitiert nach dem „definitiven Manuskript", S. 6f.)

der Welt vereinigen auf ihrem Territorium mehrere Volksgruppen, die verschiedenen Völkern angehören, sie sind also Vielvölkerstaaten. Es ist dies mit der Grund, weshalb heute Volksgruppenrechte, Minderheitenschutz und Heimatrecht in der Fortentwicklung der Menschenrechte und der Friedensordnung eine dominierende Stelle einnehmen. Diese Fortentwicklung geschieht in der Absicht, die Sprengkraft des Selbstbestimmungsrechtes auf die Vielvölkerstaaten abzuschwächen und, andererseits, „ethnische Säuberungen", „Umvolkungen", Vertreibungen, Zwangsumsiedlungen und Völkermord zu verhindern, wenn auch bislang mit wenig Erfolg.

Heimat ist, wo ich „daheim" bin, sie bedeutet das „Zuhausesein". Daheim bin ich dort, wo mir alles vertraut ist, wo ich alles kenne und wiedererkenne, wo mir nichts „fremd" ist.[7]

---

7 Sehr schön versucht H. Nitsche durch Fragen zu erfassen, wo unsere Heimat liegt: „Ist Heimat das Haus, in dem wir geboren wurden? Sind es die Häuser, die Dörfer oder die Stadt, in denen unsere Nachbarn, unsere Freunde oder unsere Verwandten gelebt haben? Sind es die Wege, die wir hunderte Male gelaufen sind, die Wälder, die wir durchstreift, die Teiche oder der Fluß, wo wir im Sommer gebadet haben und im Winter Schlittschuh gelaufen sind? Ist Heimat unsere erste Schule, in der unsere Augen für die Welt geöffnet wurden, ist es der Ort unserer ersten Liebe oder jener stille Ort, wo unsere Eltern begraben sind? Ist Heimat der Ort, wo wir die stärksten Emotionen durchlebt haben: Liebe, Glück, Todesangst, Verzweiflung? Ist Heimat einfach jene Gegend, in der wir aufgewachsen sind, oder sind jene Gegenden, in denen wir viele Jahre gelebt und gearbeitet haben, unsere Heimat? Wird gewissermaßen jeder Ort, an dem wir leben, zu unserer Heimat, oder werden nur jene Orte zur Heimat, wo wir uns wohlgefühlt haben, wo wir glücklich waren? Ist Heimat etwas einmaliges, oder kann man eine neue Heimat finden? Prägen die Menschen, mit denen wir zusammengelebt haben, die Heimat, oder sind sie vielleicht unsere Heimat? Ist Heimat etwas Materielles, etwas Ideelles oder etwas Emotionelles? So viele Fragen – so viele Antworten" (S. 188f). Für Nitsche ist „Heimat in erster Linie geprägt... durch die menschlichen Beziehungen, durch die Zugehörigkeit und durch das Leben in einer menschlichen Gemeinschaft, die uns anerkennt, die uns Entfaltungsmöglichkeiten bietet, uns Wohlbefinden gewährt und Geborgenheit vermittelt... Heimat erfahren und erleben wir nur in einem Menschenkreis, wo wir fest verankert sind, wo wir dazugehören und eine unserer Persönlichkeit entsprechende Rolle spielen" (S. 193). H. Nitsche: Wo unsere Heimat liegt, in: Heimat und Frömmigkeit, Festschrift für A. M. Miller, hrsg. v. L. Bossle, Würzburg 1981.

Wenn wir von Heimat sprechen, so meinen wir immer eine „Umgebung", die uns vertraut ist.[8] „Umgebung" bezieht sich zuerst einmal auf den Raum, auf Haus und Ort, Boden und Land. In diesem Sinne sprechen wir vom Geburtshaus, vom Heimathaus, vom Heimatort und von der Heimatgemeinde, vom Heimatboden und vom Heimatland. Es ist der Raum, der Boden, das Land, in dem wir unsere Wurzeln haben, oft über viele Generationen hinweg. Aus dem Boden, in dem wir unsere Wurzeln haben, ziehen wir die Kraft für unser Leben. Müssen wir in der Fremde leben, so haben wir Heimweh, sehnen uns zurück. Sind wir ausgetrocknet und ausgelaugt, so versuchen wir, Heimaturlaub zu bekommen, um unsere Kräfte wieder aufzufrischen und aufzutanken, durchaus nicht nur im körperlichen Sinne.

„Umgebung" meint sodann auch die sozialen Beziehungen, die Eltern, die Geschwister, die weitere Verwandtschaft, den Freundeskreis, die Berufskollegen, die Freiwillige Feuerwehr, den Gesangsverein, den Sportklub, auch die Respektspersonen, den Pfarrer, den Bürgermeister, den Arzt, den Gemeinderat – sie alle gehören zur heimatlichen Umgebung, zum vertrauten Umgang.

In der vertrauten Umgebung fühlen wir uns geborgen. Heimat ist zutiefst „Ort der Geborgenheit". Hier wissen wir uns auf- und angenommen, geschätzt und gewürdigt, nicht bloß aufgrund unserer sozialen Stellung oder unserer Verdienste, sondern vor allem als Mensch. Hier können wir sein, was wir sind, wir brauchen uns nicht zu verstellen, man kennt uns ohnehin, weiß um unsere guten und schlechten Seiten. Und hilft uns nicht bloß in der Not. Oft genügt ein freundlicher Zuspruch, ein Gruß, eine Geste, und wir wissen um die Anteilnahme anderer an unseren Sorgen und Kümmernissen. Heimat ist der Ort praktizierter Nächstenliebe. Heimat erhält durch die Liebe, die aus ihr uns zuströmt, eine seelisch-gefühlsmäßige Dimension. Die Heimatliebe ist Frucht der intensiven Kommunikation mit der vertrauten Umgebung.

---

8   C. J. Burckhardt versteht unter Heimat „den Ort des tiefsten Vertrauens, der tiefsten Ruhe, den Ort, der die Ruhe des Vertrauens schenkt". C. J. Burckhardt: Über den Begriff der Heimat, Rede anläßlich der Verleihung des Friedenspreises des Deutschen Buchhandels 1954, in: Neue Zürcher Zeitung vom 27. September 1954 (Fernausgabe).

Kommunikation heißt Mitteilung, sie kennt auf der einen Seite das Senden von Signalen, das Abgeben und Hingeben und den Träger solcher Tätigkeiten, den Sender, Geber und Spender. Auf der anderen Seite wird empfangen, angenommen, hingenommen, erwidert. Mitteilen ist mehr als Austausch von Nachrichten. Mitteilen setzt gegenseitiges Verstehen voraus, es beruht auf Gemeinschaft (z.B. der Sprache). Etwas gemeinsam haben heißt, es miteinander teilen, eben mit-teilen. Auf dem Grunde jeder Kommunikation findet sich die „communio". Heimat als Kommunikationsgemeinschaft beinhaltet Teilhabung und Teilnahme an ihrem Leben. Je aktiver, je lebendiger diese Teilnahme und Teilhabung, desto stärker wachsen Heimatliebe und Heimatverbundenheit. Mit „communio" hängen unsere Lehnworte „Kommune" und „Kommunität" zusammen, auch der „Kommunismus" hat hier seinen Ursprung. Kommune ist Versammlung, Wohngemeinschaft, Dorf und Stadt. In solchen Kommunen versammeln wir uns zum gemeinsamen Tun, Wohnen, Leben, Arbeiten und Feiern. Wir verfügen dort über gemeinsame Einrichtungen, gemeinsamen Besitz, auch Gemeinschaftsgüter: Rathaus, Straßen, Plätze, Parks, Kirchen, Wasserwerke, E-Werke, Gasversorgung, Verkehrsbetriebe, die Müllbeseitigung und -deponien. Doch das Heimatgefühl zu solch äußerst nützlichen Gebäuden, Bauwerken und Einrichtungen hält sich in Grenzen. Verlangt wird ihr klagloses Funktionieren, ohne daß wir uns viel darum kümmern.

Im Wort „communio" steckt mehr als dieser äußerliche Gemeinbesitz. Es besteht aus zwei Wortteilen, der Vorsilbe „con" und dem Hauptwort „munus". „Con" heißt „mit", „miteinander", es deutet immer auf „Gemeinschaftliches", „Gemeinsames". Das Hauptwort „munus" hat viele Bedeutungen. In der ersten Bedeutung ist es zu übersetzen mit „Rolle", „Dienst", „Amt". Die zweite Bedeutungsreihe von „munus" hat mit Ehre und Unentgeltlichkeit zu tun, es handelt sich um eine „Ehrenrolle", einen „Ehrendienst" und ein „Ehrenamt", die im Interesse der Gemeinschaft übernommen werden; die dritte Bedeutung verstärkt diese Ehrenamtlichkeit des Dienstes noch: „munus" wird hier zum „Liebesdienst" und zur „Spende", die ganz auf Hingabe und auf Freiwilligkeit beruhen; in seiner höchsten Bedeutung heißt „munus" schließlich „Opfer". Kommunikation, Teilhabe und Teilnahme am Leben der Heimat, Heimatliebe, zeigen sich im gemeinsamen Dienst an der Heimat, der keinen Lohn heischt, sondern freiwillig geleistet wird, aus Liebe zur Heimat, und der sogar, wenn es darauf ankommt, die Heimat zu verteidigen, den Einsatz von Gut und Leben fordern kann. Heimat in diesem letzten Sinne der „communio" ist „Opfergemeinschaft", sie ist die Gemeinschaft derjenigen, die für die Heimat sich zu opfern bereit sind. Durch ihren „Bund" wird die Heimat getragen; er, dieser „Heimatbund", verhindert, daß sie untergeht. Wo die Bereitschaft zum Opfer für die Heimat nicht mehr ausreichend vorhanden ist, besteht die Gefahr ihrer Zerstörung. Jenen aber, die die notwendigen Opfer als innere Pflicht ansehen, ist die Heimat „heilig".

Im Zweiten Weltkrieg rief Winston Churchill seine Landsleute auf, Heimat und Unabhängigkeit mit „Blut, Schweiß und Tränen" gegen die drohende Invasion zu verteidigen. In der Tat sind es Blut, Schweiß und Tränen, mit denen jeder Heimatboden gedüngt ist, oft durch viele Generationen hindurch. Aus dem geleisteten Opfer erwächst das Recht auf Heimat, das kostbarste Erbe, das von den Vorfahren übernommen und an die Nachfahren weitergegeben werden kann. Die Geschichte der Heimat ist die Geschichte der geleisteten Opfer. Der Schutz und die Bewahrung der Heimat verlangen diese Opfer unaufhörlich, täglich, von jedem Heimatangehörigen, jung und alt, Mann und Frau, von Bauer und Edelmann, Hausfrau und Arbeiter, Beamten und Lehrer, Priester und Arzt. „Heimat ist Gottes Geschenk, aber ein solches, das durch Übernahme der Mitverantwortung errungen sein will. Es ist Gabe und Aufgabe zugleich. Dem, der Heimat hat, wird sie immer wieder neu geschenkt, aber er muß sie auch immer wieder neu erringen, mit seinem eigenen geistigen Leben erfüllen."[9] Durch die Arbeit an der Heimat erfüllt der Mensch den Schöpfungsauftrag, er wird zum „Gärtner Gottes", dem die Erde von Gott anvertraut wurde, damit er sie bebaue und die Geschöpfe hüte und pflege (vgl. Gen 1, 25–26). In diesem Schöpfungsauftrag, der den Menschen in die Pflicht nimmt, wurzelt das Recht der Heimat auf ihren Schutz und ihre Bewahrung. Für die

---

9 A. Heinem: Artikel „Heimat", in: Staatslexikon der Görres-Gesellschaft, Bd. 2, 5. Aufl., Freiburg 1927, Sp. 1148.

Heimat, so der heilige Thomas von Aquin, ist „im Pflichtfalle alles zu opfern, nur nicht die eigene Seele".[10]

„Heimat" ist ein Terminus, der nur in der deutschen Sprache vorkommt. Die französische Literatur verwendet Worte wie „les heimatlos" für Heimatlosigkeit oder umschreibt den Begriff „Heimat" mit foyer, pays d'origine, pays natal. Ähnlich im Englischen: native country, land of the ancestors, selten „homeland". Th. Veiter hat darauf aufmerksam gemacht, daß der Begriff „Heimat" nur von denjenigen Völkern verwendet wird, die „ethnisch zu denken gewohnt sind und zwischen Staat einerseits, Volk oder Nation andererseits zu unterscheiden pflegen".[11] In den slawischen Sprachen steht Heimat in enger Verbindung mit dem Haus und dem Zuhausesein (domov, domovina, domowina).

Es gibt somit nicht nur das Recht auf die Heimat, sondern auch das Recht der Heimat auf ihren Schutz, auf ihre Bewahrung und Vervollkommnung. Beide Arten von Rechten sind wie die beiden Seiten der gleichen Medaille: Das Recht, in der Heimat zu leben, ist mit der Pflicht verbunden, sie zu schützen und alles zu unterlassen, was das Vertrauen in die Umgebung, die „Lebenswelt", vermindert und die Vermittlung von Geborgenheit beeinträchtigt. Wird auf der anderen Seite das Recht der Heimat auf ihren Schutz erfüllt, so wird die Gewährung des Heimatrechts zur Pflicht bis hin zur sozialen Fürsorge. Beide Arten von Rechten, das Recht auf die Heimat und das Recht der Heimat, haben weitreichende Konsequenzen, wobei ordnungspolitisch das Recht der Heimat auf ihren Schutz den Vorrang vor dem Individualrecht auf Heimat hat. Wird die Heimat nicht geschützt, kann das Individualrecht auf Heimat untergehen, der Mensch wird heimatlos.

Die Heimat zu schützen ist einer der Hauptzwecke des Staates. Die Heimat oder die „Region" sind allein viel zu schwach, um sich in vollem Umfange selbst zu schützen, erst die politische Gemeinschaft

---

10 S. th. I-II q. 83, a. 1, angeführt bei J. Sauter, Artikel „Thomistische Gesellschaftslehre", in: Handwörterbuch der Staatswissenschaften, 4. Aufl. Bd. 8, Jena 1928, S. 246. Thomas spricht an dieser Stelle von der Opferbereitschaft für das „Vaterland".

11 Th. Veiter: Vertreibung – Zuflucht – Heimat, Wien 1962, S. 64.

kann diese Aufgabe erfüllen. Gegen die Bedrohung durch äußere Feinde sind heute sogar nur noch die Staaten- und Völkergemeinschaften fähig, die zu diesem Zweck kollektive Sicherheitssysteme geschaffen haben. Ziel solcher Bündnisse sollte nicht die Aufhebung und das Niederreißen der Grenzen sein (wie in der Europäischen Union), sondern ihre Sicherung. Nur innerhalb gesicherter Grenzen kann die kulturelle, soziale, politische und wirtschaftliche Eigenart der Heimat bewahrt, gepflegt und entwickelt werden. Der Staat, der seiner Aufgabe, die Heimat zu schützen, nicht nachkommt, verliert an Legitimität und den Anspruch auf Loyalität. Schweres Unrecht begeht der Staat, der die einheimische Bevölkerung aus der Heimat vertreibt, ihre Lebensgrundlage schmälert, unzulässigen Assimilierungsdruck ausübt, den Gebrauch ihrer Sprache behindert, die Ausübung ihres Brauchtums einschränkt, ihr die notwendigen Erziehungs- und Ausbildungseinrichtungen vorenthält oder sie Einflüssen aussetzt, die die Heimatkultur, Sitten und Gebräuche langsam, aber sicher zum Verschwinden bringen.[12]

Zum Schutz der Heimat gehört die Abwehr von Fremden, die die Eigenart der Heimatkultur gefährden oder ihre Entfaltung verhindern, fremde Sitten und Gebräuche pflegen oder den Heimatfrieden stören. Mittel dieser Schutzaufgabe sind u. a. Einwanderungs- und Zuzugsregelungen. Niederlassungsbeschränkungen, Aufenthaltsgenehmigungen und Abschiebungsmaßnahmen. Es gibt praktisch keinen Staat der Welt, der auf solche Bestimmungen verzichtete und eine ungehemmte Zuwanderung zuließe. Manche Staaten sind heute sogar gezwungen, dem Mißbrauch des Flüchtlings- und Asylrechts vorzubeugen. Grundsätzlich sollte keine Gemeinde von Staats wegen zur Aufnahme und Seßhaftmachung von Fremden gegen den Willen der einheimischen

---

12 1989 nahm die Internationale Arbeitsorganisation der UN (ILO) die Konvention Nr. 169 an, in welcher das Recht der „indigenen" Völker auf den Schutz ihrer Identität und ihrer Heimat verankert wurde. Darin ist u. a. festgehalten, daß kein Staat das Recht hat, die Identität zu leugnen, die ein indigenes Volk für sich beansprucht. Die Konvention trat 1991 in Kraft. Der Zusammenhang zwischen den Heimatrechten der „eingeborenen" Völker und der „einheimischen" Bevölkerung liegt auf der Hand.

Bevölkerung gezwungen werden. Heimat ist vertraute Umgebung, Minderung des Vertrauens bedeutet Verlust von Heimat. Bei der Aufnahme von Asylanten und Flüchtlingen kann es sich daher immer nur um Einzelfälle und um vorübergehende Notmaßnahmen handeln. Masseneinwanderungen und Agglomerationen von Ausländern, die die demographische Zusammensetzung des Heimatgebietes zum Nachteil der einheimischen Bevölkerung verändern, sind zu verhindern.[13] Kommt der Einheimische sich in seiner Heimat als Fremder vor, hat der Staat seine Schutzfunktion nicht erfüllt.[14]

Heimat ist Kulturlandschaft, entstanden aus dem einfühlsamen Umgang des Menschen mit der Natur. Die Urbarmachung des Landes, die Kultivierung des Bodens, die vielgliedrige Heckenlandschaft, die gepflegten Wälder, Wiesen und Raine, die oft mühsam angelegten Wege und Stege, die befestigten Ufer und gezähmten Flüsse, die der Landschaft angepaßten Hausformen – sie alle zeugen von der Durchdringung des natürlichen Lebensraumes mit dem Geist seiner Bewohner. Ihrer Vorstellungskraft, ihrem Schönheitssinn und ihrem unablässigen Sich-Abmühen verdankt die Landschaft Form und Gestaltung. Sie eigneten sich das Land an, schufen sich ihren Lebensraum, der ihnen zur Heimat wurde. Heute ist dieser heimatliche Lebensraum, die „Umwelt", auf mannigfache Weise bedroht und gefährdet, nicht allein durch äußere Gewalt, Feinde und Eindringlinge, sondern durch die schrankenlose Ausbeutung ihrer Schätze auf der Jagd nach Profit, Reichtum, Macht. Die Vermarktung der Heimat führt zu ihrer Zerstö-

---

13 In einem Entschließungsantrag, den 42 Abgeordnete des Europäischen Parlamentes am 31. Juli 1984 eingebracht haben, heißt es u. a.: „Jegliche Diskriminierung von Volksgruppen und ihren Angehörigen, sowie jede Vertreibung, Assimilierung oder Vernichtung von Volksgruppen sind verboten, ebenso künstliche Veränderungen der demographischen Zusammensetzung eines Gebietes, in dem eine Volksgruppe ansässig ist." (Zit. nach: Zentralkomitee der deutschen Katholiken: Zur Zukunft der europäischen Integration, 2. Aufl. 1990, S. 9.)

14 So schreibt Thomas Chorherr in einem vielzitierten Leitartikel in „Die Presse" vom 3. Oktober 1992: „Wer einmal an einem Sonntag Nachmittag den 5. Wiener Gemeindebezirk durchstreift oder manch einen Marktflecken in Niederösterreich, tut sich schwer mit der Sachlichkeit. Er fühlt sich fremd unter Fremden und auch der Liberalste fragt sich da: Bin ich noch daheim?"

rung. Wie die Heuschrecken fallen heute die Touristenschwärme über noch intakte Landschaften her. Stille Täler werden zu Verkehrsrinnen ausgebaut, der sie durchflutende Massenverkehr macht mit seinem Gestank und Lärm das Leben für die Talbewohner zur Hölle. Wälder sterben, die Atemluft wird vergiftet, das Wasser verseucht, die Nahrung ungesund, die Böden werden zu Chemiefiltern, die Haustiere zum Kunstprodukt. Die Landbevölkerung, die die Kulturlandschaft pflegt, wird dezimiert, Groß- und Riesenstädte blähen sich auf,

Mobilität tritt an die Stelle von Verwurzelung, der Mensch wird Flugsand, die Sehnsucht nach Heimat erschöpft sich in Nostalgie. „Denn das moderne Leben ist weithin ein heimatloses Leben",[15] der Mensch befindet sich ständig auf der Flucht, die Wohnsilos bieten ihm kein Zuhause, in der Arbeit am Kontrollpult findet er keine Befriedigung, Familienbindungen lockern sich, Freunde bekommen Seltenheitswert, ununterbrochenes Entertainment ersetzt Vertiefung und Ruhe. Die Betäubung wird zur Sucht, als letzte Zuflucht bleibt die Droge. Ihre Einnahme soll noch einmal, und wenn auch nur vorübergehend und im Rausch, den Zugang zur Heimat und zum Glück der Geborgenheit vermitteln. Die heute allenthalben anzutreffenden zerrütteten sozialen Verhältnisse, hohe Scheidungsraten, Jugendkriminalität, Bandenkriege, Terrorismus, extremistische Ausschreitungen, Drogensucht und Drogenhandel – alles sind Phänomene, die mit Verlust und Zerstörung der Heimat zusammenhängen. Die Bewahrung und Wiederherstellung der Heimat gehören deshalb zu den großen gesellschaftspolitischen Aufgaben der Zukunft. Wer es verabsäumt, sie energisch in Angriff zu nehmen, verschließt sich dem Schöpfungsauftrag. Zu den grausamsten Verstümmelungen des Menschen zählt die Heimatlosigkeit, kein Zuhause mehr zu haben, nicht zu wissen, wohin man gehört und wo man geborgen ist. Der Mensch hat ein Recht auf Heimat. Wer ihm dieses Recht nimmt oder die Zerstörung der Heimat zuläßt, stört den Gottesfrieden, der aus der Heilsordnung fließt. Zum Heil des Menschen gehört die Heimat, schon die irdische, durch die der Mensch zur

---

15 A. Delp: Heimat, in: Stimmen der Zeit. Katholische Monatsschrift für das Geistesleben der Gegenwart, 137. Bd. (1940), S. 282, zit. von O. Kimminich: Das Recht auf Heimat, 3. Aufl., Bonn 1989, S. 62.

ewigen gelangt. „Wehe dem, der keine Heimat hat", er wird ewig um-
herirren, zur Ruhelosigkeit verbannt. Darum ist Dienst an der Heimat
Dienst am Menschen, mehr noch: Heimatdienst ist Gottesdienst.

Das Wesen des Konservativismus

„Konservativ" ist heute ein Modewort, das durch häufigen Gebrauch an Inhalt verloren hat. Unbedarfte Fernsehsprecher bezeichnen orthodoxe Marxisten als „konservativ", obwohl Konservativismus und Marxismus sich unterscheiden wie Feuer und Wasser. Mit dem gleichen Etikett belegen sie Vertreter einer ausgesprochen kapitalistisch-liberalistischen Wirtschafts- und Sozialpolitik, die den konservativen Bestrebungen zur Marktsicherung, zur Zurückdrängung überbordender Konkurrenz und des Ökonomismus in Wirtschaft und Gesellschaft diametral entgegengesetzt ist. Auf einmal befinden sich Paradeliberale vom Schlage eines Friedrich A. v. Hayek mit Erzkommunisten im gleichen Boot, das angeblich konservativen Kurs steuert – fürwahr ein drolliges Bild für die geistige Verwahrlosung unserer Medienszene.[1]

Es entspricht jenem Bild, das vom politischen Opportunismus gezeichnet wird, welcher aus wahlstrategischen Gründen eine Melange aus liberal und konservativ oder aus national und liberal anrührt, obwohl der Liberalismus sich stets progressistisch und kosmopolitisch verstand und weder von der Bewahrung gewachsener Ordnungen noch volkhaft-kultureller Wurzeln allzuviel hielt.

Ganz absurd wird diese Mischung bei Volks- und Großparteien, die, um alle Wählergruppen mit ihren unterschiedlichen Weltanschauungen anzusprechen, sich als „christlichökosozialmarktwirtschaftlichdemokratischnationalliberalkonservativ" zu präsentieren versuchen und damit ein eindrucksvolles Beispiel politischer Genklonierung bieten.

Selbst in den sich als „konservativ" bezeichnenden Organen scheinen die Seiten durcheinandergewirbelt zu sein und das ordnende Krite-

---

1 Vgl. F. A. v. Hayek: The Road to Serfdom, London 1944 (in alle Weltsprachen übersetzt. Dtsch. 1945. Seither zahlreiche Aufl.). Für Hayek führt jeder Eingriff in den Marktmechanismus zu einer Kette von Folgen, die in totalitäre Herrschaft und Knechtschaft ausmünden. In seinem letzten Buch: The Fatal Conceit – The Errors of Socialism, London 1988, verurteilt er den gesamten Sozialismus als Barbarei: „Wenn wir die Welt vor der Barbarei retten wollen, müssen wir den Sozialismus zurückweisen…".

rium zu fehlen, das konservative von pseudokonservativen Beiträgen unterscheiden läßt. Wahllos findet man daher in den einschlägigen Publikationen echte Konservative neben Liberalen, Agnostikern, Atheisten, Kirchenfeinden, Sozialdarwinisten, Nietzscheanern und verkappten Faschisten, also etwa A. Müller neben dem schon genannten Friedrich A. v. Hayek, K. R. Popper, A. de Benoist, K. Lorenz, E. Jünger oder gar P. Krebs. Ganz bequem machen es sich jene, die dem Konservativismus Theorielosigkeit bescheinigen (wie z. B. K. Lenk oder M. Greifenhagen[2]). Indem sie darauf verzichten, die von Hegel geforderte „Anstrengung des Begriffs" auf sich zu nehmen und sich mit willkürlichen Merkmalszusammenstellungen zufriedengeben, können sie dann leicht ihre Kritik an jenen Gruppen und Grüppchen festmachen, die ihre Vorurteile bestätigen, der Konservativismus sei antidemokratisch, reaktionär, rechtsradikal, nationalistisch, faschistisch oder fundamentalistisch. Das mediengeschärfte Beil kann dann zuschlagen, auch wenn's die Falschen trifft. Abgesehen von der geistigen Hygiene, erscheint daher die Klärung von Begriff und Wesen des Konservativismus schon aus Selbstschutzgründen geboten.

Dazu kommt noch ein weiterer Grund: In der Literatur wird der ganz entscheidende und unverzichtbare Beitrag zum Konservativismus, den die älteste, bald zwei Jahrtausende überdauernde Institution beigesteuert hat, die als einzige über eine ungebrochene, die feinsten Geister versammelnde Lehrtradition verfügt – wir sprechen von der römisch-katholischen Kirche und ihrer Soziallehre –, entweder unterschlagen oder ausgegrenzt.[3] Es entspricht daher nicht nur einem Gebot intellektueller Redlichkeit, sondern, angesichts des Zerfalls der aus der Aufklärung stammenden Ideologien (Liberalismus, Demokratismus, Sozialismus, Kommunismus, Faschismus), auch der unaufschiebbaren

---

2 Vgl. K. Lenk: Deutscher Konservativismus, Frankfurt / M. 1989, S. 17 u. ö.; M. Greifenhagen: Das Dilemma des Konservatismus in Deutschland, München 1971.

3 Lenk: a. a. O., S. 14f; Greifenhagen: a. a. O., S. 65f. Die Ausgrenzung der Kirche und ihrer Soziallehre wird mit dem Scheinargument begründet, sie könnten soziologisch oder politologisch, d.h. „schichten- und klassenspezifisch nicht verortet werden" (vgl. bes. Lenk: a. a. O., S. 15f).

Notwendigkeit zur geistigen Neu- oder Wiederorientierung, sich auf das Lehrgut der Kirche, der „Mater et magistra der Völker", zu besinnen. Anderes gibt es nämlich nicht mehr: Das meiste, was die modernen „Schwindelfächer" – um hier einen Ausdruck von Max Weber[4] zu gebrauchen – wie Soziologie, Zeitgeschichte, Politologie, Psychologie, Publizistik und ähnliche „weiche" Wissenschaften – hervorgebracht haben, erwies sich als Spreu.[5] Sie hat inzwischen die Wind verblasen, auch wenn noch fleißig leeres Stroh gedroschen wird.

Der Begriff des Konservativismus

Was also ist der Konservativismus? Wenigstens thesenartig wollen wir ihn zu erfassen trachten und aus Raumgründen auf umfassende Begründungen und Auseinandersetzungen verzichten.

Konservativismus bedeutet seinem Begriff nach Bewahrung des Ewigen im zeitlichen Wandel und Hinordnung des Zeitlichen, Wandelbaren auf das Ewige, Unwandelbare.

Ewig, unwandelbar ist allein Gott. Der Konservative ist daher immer und unverzichtbar homo religiosus, gleichgültig, zu welcher Religion er sich bekennt. Er lebt im Einklang mit der Religion des Kulturkreises oder des Volkes, dem er angehört.

---

4 M. Weber bemerkte in seiner Heidelberger Abschiedsrede: „Das meiste, was unter dem Namen Soziologie geht, ist Schwindel." Zit. bei W. Lepenies: Die drei Kulturen. Soziologie zwischen Literatur und Wissenschaft, München 1985, S. 298. Die Soziologie fühlt sich, wie F. H. Tenbruck bemerkt, als Mutter der übrigen „weichen" Wissenschaften.

5 F. H. Tenbruck: Die unbewältigten Sozialwissenschaften oder Die Abschaffung des Menschen, Graz 1984. Eine konzise Generalabrechnung mit der Soziologie und ihren Hilfswissenschaften. Sie alle sind aus der Aufklärung stammender Religionsersatz, Rousseau, Comte, Marx, Freud sind ihre Heiligen, Robespierre, Stalin, Hitler die herausragenden Vollstrecker. Vgl. dazu auch: E. R. v. Kuehnelt-Leddihn: Die falsch gestellten Weichen. Der Rote Faden 1789–1984, Wien 1985.

Als homo religiosus weiß der Konservative um die Gottverwandtschaft des Menschen.[6] Aus ihr leitet er dessen Bestimmung ab: „Die
Verähnlichung mit Gott soweit als möglich."[7]

Aus dieser Bestimmung definiert der Konservative seine Stellung in
der Welt, zur Natur und zu ihren Geschöpfen. Sie sind ihm anvertraut,
damit er sie pflege und gebrauche zu seiner Vervollkommnung. „Der
Mensch ist Mitwirker am Schöpfungswerke Gottes."[8] Die Natur wird
erlöst durch den Menschen, der Mensch durch Christus, Christus gehört Gott.[9]

Aus der Bestimmung des Menschen und seiner Mitwirkung an der
Schöpfung leitet der Konservative seine geschichtliche Lebensaufgabe
ab: den Kampf um das Reich Gottes.[10] „Christus hat dieses Reich der
Himmel auf Erden begründet."[11] Seit dieser Gründung ist die Geschichte der Kampf um das Reich Gottes; die Mitwirkung an seinem
Aufbau, seiner Ausweitung und Vollendung gehören zur unabding-
baren Pflicht des Konservativen.[12] Für ihn verkörpert dieses Reich
Gottes jene unwandelbaren Werte, für die es sich einzusetzen lohnt:
das Gute, das Wahre, das Schöne und das Gerechte.[13]

---

6 Gen 1,27: „Gott schuf den Menschen nach seinem Bilde." Am Menschenbild
   scheiden sich nicht nur die Geister, sondern auch die politischen Richtungen.
7 Platon (um 400 v. Chr.): Theaitetos 176 A. Gleichlautend Ps.-Dionysios Areo-
   pagita (um 500 v. Chr.): De eccl. hier., 1, 3., Zitat bei L. Ort: Grundriß der
   Dogmatik, 4. Aufl., Freiburg 1959. Dort weitere Belege über die Deificatio des
   Menschen (S. 310).
8 Johannes Paul II.: Enzyklika über die menschliche Arbeit Laborem exercens,
   Rom 1981 (abgek. LE), 25. Von bes. Bedeutung das gesamte Kap. V: „Zur
   Spiritualität der Arbeit".
9 Vgl. 1 Kor 3, 23; Vatikanum II : Die dogmatische Konstitution über die Kirche
   „Lumen gentium", Rom 1964 (abgek. LG), 36.
10 Vgl. Johannes Paul II.: Nachsynodales Apostolisches Schreiben über die Beru-
    fung und Sendung der Laien in Kirche und Welt „Christifidelis laici", Rom
    1988 (abgek. CL), 17.
11 LG 3.
12 Vgl. CL 17 u. ö.: In der Erfüllung dieser Pflicht folgt der Konservative seiner
    „Berufung zur Heiligkeit" (CL 16).
13 LG 36.

Geführt wird dieser Kampf gegen den „Fürsten dieser Welt", den „Verwirrer" und „Zerstörer", den „Versucher schlechthin",[14] in dessen Reich Haß herrscht statt Liebe, Macht- und Profitgier statt Gerechtigkeit, Zwietracht und Parteienstreit statt Friede. Ständig versucht er mit seinen Heerscharen das Reich Gottes zu überwältigen. „Jeder einzelne Mensch ist in diesen Streit hereingezogen",[15] „das ganze Leben der Menschen, das einzelne wie das kollektive, stellt sich als Kampf dar, und zwar als einen dramatischen, zwischen Gut und Böse, zwischen Licht und Finsternis."[16] Das Waffenarsenal des „Fürsten der Lüge" ist unerschöpflich und äußerst innovativ. Gestern noch verbarg er seine Fratze hinter den Ideologien, heute „amüsiert er uns zu Tode".[17] Überall begegnen wir ihm, in Leben und Politik, Wissenschaft und Technik, Medien und Information, überall „verzerrt er die Wertordnung und vermengt Böses mit Gutem".[18]

Armselig mutet dagegen die Waffenrüstung der Konservativen an. Alexander Solschenizyn, der wohl größte konservative Schriftsteller unserer Zeit, hat sie mit zwei Worten umschrieben: „Nicht lügen!"[19] Nicht lügen heißt in (der) Wahrheit leben.

In Wahrheit leben verlangt, in allen Lebenslagen sittlich zu handeln, das Gute zu tun. Sittlich handeln, das Gute tun, bedeutet, den Willen Gottes zu vollziehen. Es ist dies der kategorische Imperativ des Konservativen.

---

14 Paul VI. bei J. Ratzinger: Zur Lage des Glaubens. Ein Gespräch mit Vittorio Messori, München 1985, S. 142ff.
15 Vatikanum II: Pastoralkonstitution über die Kirche in der Welt von heute „Gaudium et spes", Rom 1965 (abgek. GS) 37.
16 GS 13.
17 Neil Postman: Wir amüsieren uns zu Tode. Urteilsbildung im Zeitalter der Unterhaltungsindustrie, Frankfurt / M. 1985.
18 GS 37; CL 24: „...aber wir wissen auch um die Macht des Bösen und um sein Bemühen, das Leben der Gläubigen und der Gemeinden zu stören und durcheinanderzubringen".
19 A. Solschenizyn: Offener Brief an die sowjetische Führung, Anhang: Lebt nicht mit der Lüge!, Darmstadt 1974. Vgl. auch die Schlußabschnitte seiner Rede aus Anlaß der Verleihung des Nobelpreises für Literatur 1970: „Conquer Falsehood".

Im Gewissen besitzt der Mensch das untrügliche Organ, den Willen Gottes zu erkennen, das Gute vom Bösen zu unterscheiden und Gottes Stimme zu folgen, „die ihn immer zur Liebe und zum Tun des Guten anruft und, wo nötig, in den Ohren des Herzens tönt: Tue dieses, meide jenes".[20] Das Gewissen, „die verborgenste Mitte und das Heiligtum im Menschen",[21] ist der Beweis für die Existenz Gottes, die Freiheit des Gewissens die Quelle aller Menschenwürde und Menschenrechte. Die Gewissensfreiheit überwindet Kerkermauern, bricht Sklavenfesseln und befreit von äußerem und innerem Zwang. Keine irdische Gewalt kann sie antasten, ohne sich selbst ins Unrecht zu setzen.

Kirche, Recht und Staat

Für den echten Konservativen ist die „Kirche das Gewissen der Welt". Sie hütet den sittlichen Schatz,[22] den Gott, der Herr, ihr offenbart (als ius divinum positivum) oder als Naturrecht (ius naturale) in die Schöpfung und die Herzen der Menschen „eingeschrieben" hat.[23] Ihm hat staatliches Recht zu entsprechen. Für den Konservativen geht Recht nicht „vom Volk aus", sondern es hat seine Quelle in Gott.[24] Lockert

---

20 GS 16.
21 Ebenda.
22 Vgl. Pius XII.: Aufbau und Entfaltung des gesellschaftlichen Lebens. Soziale Summe Pius XII., hrsg. von A. F. Utz und J.-F. Groner, 3 Bde., Freiburg / Schweiz 1954–1961 (abgek. U.-G.), 1750.
23 Vgl. J. Messner: Das Naturrecht, 4. Aufl., Innsbruck 1960, S. 83; Pius XII. in U.-G.1750 : „Beides, das Gesetz, das ins Herz geschrieben ist, d.h. das Naturgesetz und die Wahrheiten und Gebote der göttlichen Offenbarung…" Eine gründliche Auseinandersetzung mit der Naturrechtslehre bei J. Lob: Naturrecht und ganzheitliche Philosophie, Wien 1962.
24 Leo XIII.: Enzyklika über den Ursprung der Staatsgewalt „Diuturnum illud", Rom 1881; derselbe: Enzyklika über Staat und Kirche „Immortale Dei", Rom 1885. Meist erfolgt Berufung auf Röm 13, 1–6: „Es gibt keine Gewalt, außer von Gott."

sich die sittliche Bindung des Staates, wird er zur Zwangsanstalt, er verliert Autorität und Legitimität.[25]

Es ist Aufgabe des Staates, zu ermöglichen, daß der Mensch „ein gutes Leben führen kann", d. h. für Aristoteles „ein Leben nach der Tugend".[26] Der Staat „gehört zu der von Gott vorgebildeten Ordnung".[27] Soziale Liebe, Gerechtigkeit, Recht und Ordnung sind jene Güter des Gemeinwohls, derentwillen der Staat existiert und „die sowohl den Gruppen als auch deren einzelnen Gliedern ein volleres und leichteres Erreichen der eigenen Vollendung ermöglichen".[28] Wie die Kirche in ihrer irdischen Pilgerschaft, so dient auch der Staat auf die ihm eigentümliche Weise – und wenn auch nur mit irdischen Mitteln – dem „Heil" des Menschen, der Familien und der gesellschaftlichen Gruppierungen: Er führt sie auf das Reich Gottes zu, ihrem summum bonum. „Die Welt in Heiligkeit und Gerechtigkeit zu regieren, ist der Auftrag Gottes"[29] an die politische Gemeinschaft.

Ohne Gemeinschaft kann der Mensch nicht existieren.[30] Gott selbst ist die Gemeinschaft der drei göttlichen Personen, der Mensch, göttli-

---

25 Ganz hart und kompromißlos urteilt in dieser Frage der oft als „anpassungsfreudig" (Stichwort „aggiornamento"), „weich" und „gemütlich" bezeichnete Papst Johannes XXIII.: Enzyklika über den Frieden unter den Völkern in Wahrheit, Gerechtigkeit, Liebe und Freiheit „Pacem in terris", Rom 1963 (abgek. PT), 51: „Da die staatliche Gewalt von... Gott ausgeht, können Gesetze oder Anordnungen die Staatsbürger innerlich nicht verpflichten, wenn die Staatslenker gegen diese Ordnung und deshalb gegen Gottes Willen Gesetze erlassen oder etwas vorschreiben; denn ‚man muß Gott mehr gehorchen als den Menschen' (Apg 5, 29); in diesem Falle hört die Autorität ganz auf; an ihre Stelle tritt gräßliches Unrecht...". Und weiter PT 51: „Selbstverständlich kann die Ansicht jener nicht gebilligt werden, die behaupten, der Wille einzelner Menschen oder gewisser Gemeinschaften (Anm. F. R.: z.B. Volk, Parteien) wäre die erste und einzige Quelle, woraus die bürgerlichen Rechte und Pflichten fließen und woraus sich die Verpflichtung der Verfassungen wie auch die Autorität der Staatslenker ergeben" (vgl. Leo XIII., Apostolischer Brief Annum ingressi).
26 Politik VII,1.
27 GS 74.
28 GS 26.
29 Ebenda.
30 Gott hat den Menschen nicht als einzelnen geschaffen, sondern „als Mann und Frau" (Gen 1, 27), als „Familie" (vgl. CL 40).

ches Abbild, ein Gemeinschaftswesen und als solches „zu Liebe berufen"[31] (Gottesliebe, Nächstenliebe, Selbstliebe, Liebe zur Schöpfung). Er kennt kein höheres Gebot als „in der Liebe zu wandeln".[32] Liebe „vergütet" die Welt.[33] Denken, Erkennen, künstlerisches Schaffen sind Akte der Liebe, der Einswerdung und Verschmelzung von Idee, Gegenstand und Werk mit ihrem Schöpfer.[34] Die gesamte Kultur entsteht aus Liebe und Begeisterung für Gott, das Wahre, Gute und Schöne.[35] Religion, Philosophie, Kunst, Sittlichkeit und Sprache, also das, was die geistige Kultur ausmacht, um derentwillen wir zusammenwohnen (koinonia = Gemeinschaft) und Gemeinschaft pflegen, sie alle sind Zeugnisse der Liebe. Liebe ist die soziale Tugend schlechthin, die Quelle des Friedens. Opus caritatis pax: „Aus Eintracht entstehen Schönheit und Ordnung der Welt, aus ständigem Kampf nur Verrohung und Verwirrung."[36] Wo die caritas socialis fehlt, verliert sich Politik in Zwietracht, Parteienstreit und Mißtrauen, die kulturfördernde Wirkung bleibt aus, die Gemeinschaft zerfällt, Interessengruppen und Parteien gewinnen die Oberhand, zuletzt triumphieren Anarchie und Tyrannei.

Der Vorrang der Gemeinschaft

Für den Konservativen hat die Gemeinschaft den Vorrang vor dem einzelnen. „Dieser nicht nur an Wertfülle, sondern auch der Wertstufe nach den Einzelnen überragende Eigenwert, sichert ihr eindeutig den

---

31 Johannes Paul II.: Enzyklika über den Erlöser des Menschen „Redemptor hominis", Rom 1979, 10.
32 2 Joh 6.
33 Gott hat die Welt aus Güte geschaffen. „Vergüten" heißt, sie ihm „gleichförmig" machen (similitudo Dei). Güte oder Liebe ist der „Schöpfungsgrund".
34 Einswerdung (Identität von Subjekt und Objekt) ist notwendig zur Erfassung des Wesens, zur „intellektuellen Anschauung" des Gegenstandes. In allen großen schöpferischen Leistungen, vor allem auf dem Gebiete der Wissenschaft oder der Kunst, steckt eine mystische Komponente (unio mystica).
35 Platon: Gastmahl, 209: Liebe ist „zeugen im Schönen"; auch 211.
36 Leo XIII.: Enzyklika über die Arbeiterfrage „Rerum novarum", Rom 1891, 15.

wertmäßigen Vorrang vor dem Einzelnen."[37] Offenbarung wie auch öffentliche Huldigung Gottes, die die Gesellschaft durch den ganzen Reichtum ihrer Kulturgüter vollzieht, „stehen auf einer höheren Stufe als die Verherrlichung, die der auf sich gestellte Einzelmensch Gott zu erweisen vermöchte".[38] Selbst seine Erlösung geschieht nur in Gemeinschaft, denn „Gott aber hat es gefallen, die Menschen nicht einzeln, unabhängig von aller wechselseitigen Verbindung, zu heiligen und zu retten, sondern sie zu einem Volk zu machen, das ihn in Wahrheit anerkennen und ihm in Heiligkeit dienen soll".[39] Auf diesem Vorrang der Gemeinschaft vor dem einzelnen beruhen Wehrgedanke und Wehrpflicht: Im Ausnahmefall kann die politische Gemeinschaft vom einzelnen den Einsatz von Gut und Leben verlangen, wenn sie anders ihre Integrität nicht zu sichern vermag. Der Vorrang wird keineswegs eingeschränkt oder gar aufgehoben durch die jeder natürlichen und übernatürlichen Gemeinschaft ebenfalls, jedoch nicht ausschließlich zukommenden Funktion, der Vollendung und dem Heil des Menschen zu dienen.

Kirche und Staat, beide haben ihren Ursprung in Gott,[40] sie sind, jede für sich, societas perfecta.[41] Als solche ist vor allem die Kirche Vorbild und Urbild für jede andere Gemeinschaft, denn sie alle sind „Abbild der Dreieinigkeit" und Glieder des mystischen Leibes Christi,

---

37 O. v. Nell-Breuning: Einzelmensch und Gesellschaft, Heidelberg 1950, S. 70; ähnlich J. Messner: a. a. O. (Naturrecht), Kap. 33: „Die Gesellschaft als Eigenwert" (S. 188f). Die Gesellschaft ist für Messner eine eigene Wirklichkeit mit eigenem Seins- und Wertrang. Das Gemeinwohl ist für ihn – so wie für Thomas v. A. – „göttlicher" als das Einzelwohl, es steht Gott „näher" und überdauert sogar das zeitliche Dasein.
38 O. v. Nell-Breuning: a. a. O., S. 70.
39 LG 9.
40 Vgl. Pius XII. in U.-G. 2747.
41 Vgl. ebenda, 2705. Societas perfecta der Norm, nicht der äußeren Erscheinung nach, welche von menschlicher Korruptibilität durchsetzt ist.

der die Kirche ist.[42] Die Kirche hat den „Universalismus des römischen Imperiums fortgesetzt",[43] sie ist heute Träger des für jeden Konservativen unverzichtbaren Reichsgedankens, ist sie doch „Zeichen und Werkzeug… für die Einheit der ganzen Menschheit". [44] Durch Christus gestiftet, erhalten, geleitet und bis zum jüngsten Tage in Herrlichkeit vollendet,[45] hat die Kirche die Sendung, das Reich Gottes in allen Völkern zu begründen.[46]

Hierarchie und Autorität

Unerfüllbar bliebe diese Vereinigungsleistung der Kirche[47] ohne hierarchische Struktur, die sie für alle Zeiten festgeschrieben hat.[48] Auch hierin ist sie Vorbild für jede natürliche, politische und selbst für jede „gewillkürte" Gesellschaft. „Eine Gesellschaft kann weder bestehen noch gedacht werden, in der nicht einer die Bestrebungen ihrer Glieder

---

42 Vgl. ebenda; zu „Jede Gemeinschaft ist Abbild der Dreieinigkeit": 226; zu der Aussage „Jede Gemeinschaft ist Glied am mystischen Leibe Christi": 4554, 4555, 4061. Der Papst nennt als Glieder des mystischen Leibes Christi ausdrücklich die Familien, die Städte, die Landschaften, die Völker, die Völkergemeinschaft. Ähnlich LG 1 u. ö.; zur Definition der Kirche als „mystischer Leib Christi": Pius XII: Enzyklika über den mystischen Leib Christi und unsere Verbindung in ihm „Mystici corporis Christi", Rom 1943 (abgek. MCC), 13; ebenso LG 7; ebenso Vatikanum II: Dekret über die katholische Ostkirche, Rom 1964, 2: „Die heilige katholische Kirche ist der mystische Leib Christi…"

43 Carl Schmitt: Römischer Katholizismus und politische Form, München 1925, S. 8.

44 LG 1.

45 Pius XII.: MCC 25ff.

46 LG 3 u. ö.

47 LG 5; auch LG 13: „In allen Völkern der Erde wohnt also dieses eine Gottesvolk." Zu dieser „Vereinigungsleistung" u. a. auch: Vatikanum II: Erklärung über das Verhältnis der Kirche zu den nichtchristlichen Religionen „Nostra aetate", Rom 1965 (abgek. NA); über die Heilserwartungen von Nichtkatholiken und Nichtchristen: LG 14-18.

48 LG, Kap. 3, mit der Überschrift: „Die hierarchische Verfassung der Kirche, insbesondere das Bischofsamt". Die hierarchische Verfassung der Kirche ist Dogma und damit unwiderruflich. Die Kirche kann daher niemals eine „demokratische" Verfassung aufweisen oder als „Kirche von unten" aufgefaßt werden oder agieren.

derart leitet, daß aus Vielen gewissermaßen ein Einziges wird und die vielen Bestrebungen in rechtmäßiger und geordneter Weise einen Impuls nach dem Gemeinwohl hin empfangen."[49] Ob politische Partei,[50] Betrieb, Verwaltung, Heer, Wirtschaftskammer, Gewerkschaft, Interessenverband, Universität oder Fußballklub – jede gesellschaftliche Gruppierung und Vereinigung bedarf zur effizienten Erfüllung ihres Zwecks einer hierarchischen Struktur, durch die die Einheitlichkeit der Leitung, geordnete Aufgabenverteilung, Kompetenzzuteilung und Aufgabenerfüllung gewährleistet werden. Die gesamte Seins-, Denk- und Seelenstruktur ist hierarchisch gegliedert, die ganze Schöpfung von Hierarchien durchzogen, die alle im obersten Hierarchen ihren Ursprung haben, in Gott, dem letzten Ziel aller Geschöpfe und Gebilde. Wo Ordnung, dort ist Hierarchie.[51]

Die körperschaftliche Verfassung

Eng verbunden mit der hierarchischen Struktur ist die von der Katholischen Soziallehre mit Nachdruck vertretene und von jedem wirklich Konservativen bejahte körperschaftlich-ständische Verfas-

---

49 Leo XIII.: Diuturnum illud, 8 (nach A. Utz / B. Gräfin von Galen [Hrsg.]: Die katholische Sozialdoktrin in ihrer geschichtlichen Entfaltung, 4 Bde. Aachen 1976).

50 Zur Soziologie und Struktur der politischen Parteien bleibt maßgebend: R. Michels: Zur Soziologie des Parteiwesens in der modernen Demokratie – Untersuchungen über die oligarchischen Tendenzen des Gruppenlebens. Neudruck der 2. Aufl. Stuttgart o. J. (vermutl. 1958).

51 Vgl. Thomas v. A.: „Eine geordnete Gesellschaft ist eine Hierarchie" (S. th. I-II, q. 108, a. 2). Der Gedanke einer „herrschaftslosen Gesellschaft", den Sozialismus, Liberalismus und Anarchismus gemeinsam pflegen und im modernen Kulturkampf durchzusetzen trachten, ist mit der katholischen Lehre so unvereinbar wie die genannten Ideologien.

sung der Gesellschaft.[52] Die Krise der modernen Demokratien[53] – Parteiherrschaft, Mediatisierung und Entmachtung des Bürgers, Eindringen der Parteien in immer weitere Lebensbereiche bis hin zu totalitärer Parteidiktatur und Gesinnungsterror,[54] die Entstehung unkontrollierter und unverantwortlicher Funktionärsoligarchien und -cliquen,[55] ihre Verbindung zu mafiosen Gruppierungen, die verbreitete Korruptionsanfälligkeit, Lobbies, die „Herrschaft der Verbände"[56] mit ihrer gemeinwohlschädigenden, rücksichtslosen Interessendurchsetzung, der Mißbrauch der Gewerkschaftsmacht, Finanzbetrug, Kreditschwindel, Bau- und Bodenspekulation, die Unwirtlichkeit der Großstädte mit ihren menschenverachtenden Wolkenkratzern und

52 Pius XI.: Enzyklika über die gesellschaftliche Ordnung, ihre Wiederherstellung und Vollendung nach dem Heilsplan der Frohbotschaft „Quadragesimo anno", Rom 1931, insbes. der Abschnitt über „die berufsständische Ordnung" (81–87). Bereits der Titel macht Anspruch und Ziel der Katholischen Soziallehre deutlich. Sie ist nie von ihrer Forderung nach einer berufsständischen oder „leistungsgemeinschaftlichen" (Nell-Breuning) Ordnung abgerückt. Die liberal-kapitalistische, „freie" Marktwirtschaft gehört auch in ihrer „sozial" verbrämten Form so wie die marxistisch-kollektivistische Planwirtschaft zu den „Strukturen der Sünde": vgl. u. a. Johannes Paul II.: Enzyklika über die soziale Sorge „Sollicitudo rei socialis", Rom 1987, 36, in Verbindung mit 21.

53 Die Krise der Demokratie wurde in unseren Tagen zur „Sozialen Frage" des Westens. Hierzu die beiden berühmten Reden A. Solschenizyns 1975 vor dem amerikanischen Gewerkschaftsverband in Washington (abgedr. in den Wochenendausgaben der Salzburger Nachrichten 25. Oktober bis 8. November 1975) und an der Harvard-University 1978 (abgedr. in der Frankfurter Allgemeinen Zeitung v. 14. Juli 1978, Nr. 148, S. 10f).

54 Vgl. C. v. Schrenck-Notzing: Abschied vom Parteienstaat. Tendenzen eines Umbruchs, Asendorf 1988, insbes. S. 11–17.

55 Vgl. R. Michels: a. a. O. (Soziologie), S. 370f.

56 Vgl. Th. Eschenburg: Herrschaft der Verbände? Tübingen 1955.

Verkehrsbauten,[57] die Entstehung der Slums,[58] anarchistische Terror-
gruppen,[59] Familienzerstörung,[60] Ausgrenzung ganzer Bevölkerungs-
teile,[61] Verelendung, Verwahrlosung und Drogenkonsum,[62] Bruch des
Landfriedens,[63] Zunahme der Gewalt, Kriminalität, Vergewaltigung,
die Umweltvergiftung und -zerstörung,[64] das Versagen vor der Erzie-

57 Vgl. A. Mitscherlich: Die Unwirtlichkeit unserer Städte, Frankfurt / M., 1965;
   L. Mumford: Megalopolis. Gesicht und Seele der Großstadt, Wiesbaden 1951;
   R. Rainer: Die Behausungsfrage, Wien 1947, S. 31ff.
58 Erschütternde Zahlenangaben über Vergroßstädterung und Slumbildung in:
   Council on Environmental Quality et al. (Hrsg.): The Global 2000 Report to
   the President, Washington 1980 (dtsch. 12. Aufl., Frankfurt / M. 1981), S. 44f.
   u. S. 835ff.
59 Aufschluß hierüber geben für die Bundesrepublik Deutschland u.a. die jährli-
   chen Verfassungsschutzberichte des Bundesministeriums des Innern.
60 In besonders fortgeschrittenen Industrieländern tendiert die Zahl der Eheschei-
   dungen bereits gegen 50%, in Österreich wächst die Hälfte der Kinder bei nur
   einem Elternteil auf. Eindrucksvoll die systemtheoretisch dargestellten
   Zusammenhänge zwischen Familienauflösung, Kapitalverbrechen, Selbst-
   mordraten, Streßbelastungsfähigkeit, (Verkehrs-)Unfallhäufigkeit, Schulversa-
   gen, Studienabbruch bei Nachkommen aus zerbrochenen Ehen durch C.
   Gaspari / H. Millendorfer: Konturen einer Wende – Strategien für die Zukunft,
   Graz 1978, S. 147–186.
61 Langzeitarbeitslose, Jugendliche, Ruheständler, Immigranten, Fremdrassige,
   Behinderte, chronisch Kranke usw.
62 Die Bekämpfung des Drogenkonsums erscheint ebenso erfolglos wie die Pro-
   hibition von Alkohol in den USA und auf ähnliche Weise zur Anhäufung von
   Vermögen in den Händen der Dealer zu führen.
63 Am Beispiel Hafenstraße erläutert von G.-K. Kaltenbrunner: Der Tod des Ewigen Landfriedens, in: MUT, H. 255/1988, S. 8f.
64 Immer wieder neu beschrieben von E. Chargaff u.a. in: Alphabetische
   Anschläge, Stuttgart 1989.

hungs- und Bildungsaufgabe[65] – diese Krise ist ganz wesentlich
mitverursacht durch das Fehlen ständischer Korporationen und Ord-
nungskräfte,[66] in denen „der Bürger seine Ehre findet" (Hegel), weil er
durch sie an der Gestaltung des Gemeinwohls mitwirken und mitent-
scheiden kann. Die Reaktion auf diese Krise der Demokratie, der heute
feststellbare und vielfach beschriebene Zug zum „Neokorporatismus",[67] kommt der vom Konservativen unverrückbar festgehaltenen
Auffassung entgegen, daß zur Wiederherstellung der im Gefolge der
Französischen Revolution immer mehr zerfallenen gesellschaftlichen
Ordnung „wohlgefügte Glieder des Gesellschaftsorganismus sich
bilden (sollen), also ‚Stände'…, denen der Einzelne nach seiner gesellschaftlichen Funktion angehört".[68] „Inkorporierung" der aufgrund des
Vereinigungs- oder Gesellschaftsrechtes geschaffenen Interessenver-
bände und Assoziationen in der Weise, daß sie das Gemeinwohl fördern und nicht schädigen, gehört zu den vordringlichsten politischen
und juristischen Aufgaben, denen sich der Konservative stellt.

---

65 Vgl. H. Schoeck: Kinderverstörung. Die mißbrauchte Kindheit. Umschulung
auf eine andere Republik, Asendorf 1987; A. Bloom: The Closing of the American Mind. How Higher Education has Failed Democracy und Impoverished
the Souls of Today's Students, New York 1987, insbes. S. 337ff.
66 Zur Begründung dieser These u.a. O. Spann: Der wahre Staat. Vorlesungen
über Abbruch und Neubau der Gesellschaft, 5. Aufl. (Bd. 5 d. Geamtausgabe)
Graz 1972; W. Heinrich: Die soziale Frage, Jena 1934; derselbe: Das Stände-
wesen mit besonderer Berücksichtigung der Selbstverwaltung der Wirtschaft,
2. Aufl., Jena 1932.
67 Überblicke über neokorporatistische Tendenzen in der Gegenwart bieten u.a.
G. Lehmbruch / C. Schmitterer: Patterns of Corporist Policy Making, London
1982; P. J. Katzenstein: Corporatism and Change – Austria, Switzerland und
the Politics of Industry, London 1984; U. v. Aleman: Neokorporatismus,
Frankfurt / M. 1981; J. H. Kaiser: Die Repräsentation organisierter Interessen,
Berlin 1956; F. Romig: Theorie der wirtschaftlichen Zusammenarbeit, Berlin
1966; Tetsushi Harada: Politische Ökonomie des Idealismus und der Romantik. Korporatismus von Fichte, Müller und Hegel, Berlin 1989, mit wichtigen
Hinweisen auf das Weiterwirken dieser Ideen in der Gegenwart sowie auf die
stark korporatistisch organisierten Großunternehmungen (z.B. Betriebsge-
werkschaften!) in Japan. Ähnliches wird aus Taiwan, Korea, China, Singapur,
Malaysia, Indien etc. berichtet, so u.a. von O. Weggel: Die Asiaten, München
1989.
68 Pius XI.: QA 83.

Bünde und Eliten

Corpora, ordines, collegia sind „Bünde". Wo immer Gesellschaft konkret wird, begegnen wir „Bünden", Verbänden, Vereinigungen, Gesellungen, Gemeinschaften: Ehebund, Familie, Betrieb, Gemeinde, Partei, Gewerbekammer, Industrieverband, Gewerkschaftsbund, Beamtenbund, Akademikerbund, Studentenverbindung, Offiziersgesellschaft, Kameradschaftsbund, Kulturverein, Landsmannschaft, Sportbund, Gesellschaftskreis, Künstlerbund usw. Nahkommunikation vollzieht sich in Bünden, nur sie bereichert. Die Zugehörigkeit zum Bund beruht auf gemeinsamen Interessen, gegenseitiger Anerkennung, Verständnis, Solidarität, Freundschaft bis hin zur Liebe. Verbündungen finden wir auf allen Ebenen der gesellschaftlichen Hierarchie. Bünde sind in abgestufter Form Träger von Herrschaft.[69] Die Mitwirkung an politischen Entscheidungen und an der Durchführung von Beschlüssen findet durchwegs in Bünden statt. In Bünde wird man entweder hineingeboren, oder man wird aufgenommen. Die Aufnahme in den Bund wird häufig an Bewährung, Leistungsnachweis, Prüfung, Initiation, Reinigungsvorgänge (z.B. Taufe), Weihen, Glaubensbekenntnis, Treueschwur, Zustimmung zum (Partei-)Programm oder Unterwerfung (Gehorsamsgelübde) unter die Statuten und (z.B. Ordens-) Regeln gebunden. Abstimmungen (bis hin zur Einstimmigkeit) unter den Mitgliedern sind nicht selten. Zweck solcher Aufnahmeriten oder -bedingungen ist es, die Homogenität des Bundes zu wahren und seine „Schlagkraft" bei der Durchsetzung seiner Ziele in der Gesellschaft zu erhöhen. Sind die Bedingungen oder Aufnahmenormen leistungsorientiert und nur schwierig zu erfüllen, oder ist die Zugehörigkeit nur mit persönlichem Verzicht und hohen Opfern zu erkaufen, so entstehen leistungselitäre Bünde. Ohne solche Eliten können Staat und Gesell-

---

69 Vgl. R. Michels: a. a. O. (Soziologie). Die Funktionärsoligarchien stehen häufig wieder in Verbindung mit anderen Bünden (Klubs, Logen, Lobbies, Councils, Bilderbergern, Interessengruppen, Kultusgemeinden, Round Tables, regelmäßigen Treffs usw.). Daraus entsteht in unstrukturierten, amorphen Gesellschaften ein unübersichtliches Beziehungsgewirr, das sich sowohl der Kontrolle wie der Verantwortung entzieht. Es bietet dem organisierten Verbrechertum fruchtbaren Boden.

schaft weder bestehen noch gedeihen; wo sie fehlen, kommt es zu Verfall und Niedergang. Bünde sind Gründungen oder „Stiftungen". Die „Idee" des Bundes, Grundprinzipien oder „Grundgesetz" gehen häufig auf den Gründer oder Stifter zurück, Traditionspflege hält die Verbindung aufrecht.[70] In der laufenden Auswahl und Neubildung traditionsbewußter Eliten, denen die Führung der Kirche anvertraut ist, sieht der Konservative einen Weg auch für die politische Pädagogik und ihre wichtigste Aufgabe, politische Eliten heranzuziehen und zu bilden, die zur Teilnahme an der Herrschaft berufen sind.[71] Führungseliten wissen um die Verbindung von „Herrschaft und Opfer".[72]

---

70 Im Prinzip ist jede Gemeinschaft ein „Bund". Das „bündische Prinzip" läßt sich in einem Satz zusammenfassen: Der Herr (Gründer, „Stifter") erwählt sein Volk (Gefolgsleute, Freunde, Mitarbeiter) und gibt ihm sein Gesetz. So im Alten Bund (Ex 19,1; 20, 3–17), so im Neuen Bund (Mt 26, 28; Joh 13, 34). Das „bündische Prinzip" wird grundlegend behandelt durch W. Heinrich: Führer und Führung in der Gesellschaft (ungedr. Diss.), Wien 1925, insbes. S. 153ff. über die „Bündnisführung". Daß es selbst in so zweckrationalen Gebilden wie in Unternehmungen und Betrieben zu Führungsbündnissen kommt, zeigt u.a. J. Kolbinger: Bauplan sozialer Betriebsführung, Stuttgart 1957, S. 85: Führungskörper sind ideenverbundene kleine Gemeinschaften (d.h. Bünde); derselbe: Die Betriebswirtschaftslehre als Lehre von der sozialen Leistungsordnung, Berlin 1980. Über die Jugendbewegung, die das „bündische Prinzip" sich als Entdeckung zuschreibt, u.a. R. Kneip u.a. (Hrsg.): Vom Geheimnis bündischer Führung – dokumentarische Gespräche mit Hermann Kügler, Frankfurt / M. 1980; W. Paul: Das Feldlager – Jugend zwischen Langemark und Stalingrad, Esslingen 1978.
71 Über die Notwendigkeit von Eliten für die Führung der Gesellschaft jetzt: G.-K. Kaltenbrunner:Wege der Weltbewahrung – sieben konservative Gedankengänge, Asendorf 1985; für Wirtschaftsunternehmungen: Th. J. Peters / R. H. Waterman jun.: In Search of Excellence – Lessons from America's Best-Run Companies, New York 1982 (dtsch. Landsberg 1983).
72 Vgl. L. Ziegler: Überlieferungen, 2. Aufl., München 1949, S. 95; siehe auch den Beitrag über „Herrschaft und Opfer" in der vorliegenden Publikation.

Subsidiarität: das „Gesetz der kleinen Gemeinschaften"

Diese so rigoros scheinende monarchisch-aristokratisch-ständische Grundhaltung des Konservativen[73] wird notwendig ergänzt und gemildert durch das Prinzip der Subsidiarität.[74] Mit diesem Prinzip wird „das Recht der kleinen Lebenskreise"[75] angesprochen, ihr Leben in Eigentätigkeit und Eigenvorsorge selbst zu gestalten und zu verwalten, ohne Bevormundung und Gängelung von „oben". In Übereinstimmung mit der Katholischen Soziallehre läßt der Konservative an diesem für die gesamte Gesellschaftstätigkeit, -organisation und -struktur so unerhört wichtigen und „folgenschweren sozialphilosophischen Grundsatz nicht rütteln und nicht deuteln: Wie dasjenige, was der Einzelmensch aus eigener Initiative und mit seinen eigenen Kräften leisten kann, ihm nicht entzogen und der Gesellschaftstätigkeit zuge-

---

73 Geprägt von einer solchen Grundhaltung, kann der echte Konservative wohl niemals reaktionär, rechtsradikal, nationalistisch oder faschistisch sein. Er will nicht zu alten Zuständen zurück oder verknöcherte bewahren, sondern zu besseren, vollendeteren vorwärtsschreiten. Er vermeidet Radikalismen und Extreme, denn er ist politisch „Zentrist", der Mitte zugewandt, uni-vers. Das Reich seiner Vorstellung beherbergt viele Völker, er verabsolutiert im Gegensatz zum Nationalisten nicht die Nation. Faschismus ist für ihn eine Form der Pöbelherrschaft. Er ist auch nicht antidemokratisch, denn er kann nicht gegen etwas sein, was es der Sache nach nicht gibt und auch nicht geben kann: die Demokratie. „Das Volk hat noch in keinem Sinne je geherrscht", stellt Sir Karl R. Popper mit Recht fest (vgl. K. R. Popper: Die offene Gesellschaft und ihre Feinde, 2 Bde., Bern 1957 f, Bd. 1, S. 175). Was uns im politischen Alltag als Demokratie begegnet, ist allenfalls „demokratische Tünche" zur Übermalung, Verdeckung und Verschleierung der realen Machtverhältnisse. Erst in einer ständischen Gesellschaft sind Selbstgestaltung, Selbstverwaltung, Mitarbeit, Mitwirkung, Mitberatung, Mitentscheidung und Mitverantwortung in abgestufter und gemeinwohlorientierter Weise, also das, was Demokratie bezweckt, möglich. Für diesen legitimen Zweck dessen, was heute üblicher-, wenn auch fälschlicherweise Demokratie genannt wird, nämlich die Partizipation, tritt der Konservative nachdrücklich ein.

74 Vgl. Pius XI.: QA 79.

75 Mit dem Prinzip der Subsidiarität wird u.a. auch abgedeckt, was vom Liberalismus als unverlierbar übrigbleibt: das Recht auf einen autonomen Gestaltungsbereich für den einzelnen wie für gesellschaftliche Gruppierungen, d.h. Kampfansage an den überwuchernden, zentralistischen und bürokratischen Sozial-, Wohlfahrts-, Beamten- und Steuerstaat.

wiesen werden darf, so verstößt es gegen die Gerechtigkeit, das, was
die kleineren und untergeordneten Gemeinwesen leisten und zum
guten Ende führen können, für die weitere und übergeordnete Gemeinschaft in Anspruch zu nehmen; zugleich ist es überaus nachteilig und
verwirrt die ganze Gesellschaftsordnung. Jedwede Gesellschaftstätigkeit ist ja ihrem Wesen und Begriff nach subsidiär; sie soll die
Glieder des Sozialkörpers unterstützen, darf sie aber niemals zerschlagen oder aufsaugen."[76] Erst wenn das Leben in „den kleinen Gemeinschaften" – Familie, Betrieb, Gemeinde, Berufsgemeinschaft –
wieder von Grund auf und systematisch aktiviert wird, entsteht wieder
so etwas wie Heimat, die den Menschen behaust und an den Nächsten
und die Freunde bindet, denen er seine Liebe und Solidarität zuwenden
kann. Konservatives Denken kreist zuletzt ja immer um Familie, Heimat, Volk und Gott. Es sind dies die Pfeiler, auf denen jede gedeihende
Gesellschaft ruht.

Zusammenfassung

Die hier entwickelten Bestimmungsstücke für das Wesen des Konservativismus: die Bewahrung des Ewigen im Zeitlichen als Begriff; die
Unverzichtbarkeit der religiösen Bindung; die Gottesebenbildlichkeit
des Menschen und seine hieraus abgeleitete Lebensbestimmung und
Positionierung in der Welt; sein Streitertum für das Reich Gottes; seine
Gewissensrüstung und sittliche Verpflichtung; das Liebesgebot; der
Vorrang der Gemeinschaft; sein Verhältnis zur Kirche; die hierarchische Ordnung; die körperschaftlich-ständische Verfassung; das
bündische Prinzip der Führung; die Verbindung von Herrschaft und
Opfer; der Subsidiaritäts- und Solidaritätsgedanke – sie bilden in ihrer
Gesamtheit und ihrem Zusammenhang einen Prüfstein, an dem die
Nähe von Vorstellungen, Aussagen, Theorien und Politik zum Konservativismus bestimmt werden kann. Bei der Entwicklung der Begriffe
folgten wir der Lehrtradition der Kirche. Der „rechte" (Pseudo-)Kon-
servativismus, der seinen Frieden mit der Kirche nicht geschlossen hat,

---

76 Pius XI.: QA 79.

wird wohl immer im Faschismus und Totalitarismus, in Menschenverachtung, Gewalt und Terror enden – wie jede kirchenfeindliche Ideologie, die den Weg der Realisierung antritt. Für den Konservativen gibt es heute keine wichtigere, im Vordergrund stehende politische Aufgabe als die Herstellung der „Großen Synthese" von Staat und Kirche, an der das Mittelalter gescheitert ist. Beide nämlich, Kirche und Staat, geistliches und weltliches Schwert, müssen getrennt und doch gemeinsam auf ihre je eigene Weise um die gleiche Sache kämpfen: das Imperium sacrum. Es ist dieser Kampf das zentrale Thema der Weltgeschichte. Und selbst dann, wenn heute andere Themen sich in den Vordergrund drängen, bleiben die Worte des größten Dichters der Deutschen zu bedenken: „Das eigentliche, einzige und tiefste Thema der Weltgeschichte, dem alle übrigen untergeordnet sind, bleibt der Konflikt des Unglaubens und des Glaubens. Alle Epochen, in welchen der Glaube herrscht, unter welcher Gestalt er auch wolle, sind glänzend, herzerhebend und fruchtbar für Mit- und Nachwelt. Alle Epochen dagegen, in welchen der Unglaube, in welcher Form es sei, einen kümmerlichen Sieg behauptet, und wenn sie auch einen Augenblick mit seinem Scheinglanze prahlen sollten, verschwinden vor der Nachwelt…"[77]

---

77 J. W. v. Goethe: Noten und Abhandlungen zum besseren Verständis des westöstlichen Diwans: Israel in der Wüste, in: Goethes Sämtliche Werke, Bd. 3, Stuttgart (Cotta) o. J., S. 205.

Herrschaft und Opfer

Zwei Schlüsselkategorien der Sozialphilosophie von Leopold Ziegler

Zumindest seit Karl Marx gehört es zum guten Ton, das Wesen der Herrschaft in der Ausbeutung zu sehen. Der Herrscher ist immer zugleich der Ausbeuter und Unterdrücker, die Beherrschten sind die Ausgebeuteten, Unterdrückten, Unfreien. Herrscher und Beherrschte, „Unterdrücker und Unterdrückte standen in stetem Gegensatz zueinander, führten einen ununterbrochenen, bald offenen, bald versteckten Kampf..."[1] Ihr Gegensatz und Kampf macht den Inhalt der Geschichte aus, die gesellschaftlichen Einrichtungen, der Staat und die politische Gewalt, sind die Institutionen der Herrscherklasse zur Unterdrückung der nichtbesitzenden Klasse.[2] Daher fordert Marx das „Ende der Herrschaft von Menschen über Menschen", die freie Assoziation der Individuen einer klassenlosen Gesellschaft, den Sprung aus dem Reich der Notwendigkeit in das Reich der Freiheit.

Nicht anders die bürgerliche Ideologie des Neo-Liberalismus. Halten wir uns an einen ihrer repräsentativsten Vertreter, Alexander Rüstow.[3] Nach ihm befand sich die Menschheit ursprünglich in einem klassenlosen, im wesentlichen herrschaftsfreien Zustand. Durch den Sündenfall der Überlagerung kamen Herrschaft, Unterdrückung und Klassenkampf in die Welt, von feudalen in plutokratische Formen übergehend (Bd. 3, 332). Mit der Kategorie der „Überlagerung" oder „Überschichtung" vornehmlich kriegerischer Hirten- und Reitervölker über friedliebende, seßhafte Bauernvölker[4] verweist Rüstow auf den „ausgesprochen herrschaftlichen, ja gewalttätigen Ursprungs- und Ausgangscharakter aller Hochkulturen" (1, 275). Für Rüstow ist Herrschaft versippt mit Überlagerung, Barbarei, Gewalt, Ausbeutung,

---

1 Karl Marx, Friedrich Engels: Kommunistisches Manifest (1848).
2 Ebenda.
3 A. Rüstow: Ortsbestimmung der Gegenwart. 3 Bde., Erlenbach – Zürich, 1950–1957.
4 Davon handelt Bd. 1: Ursprung der Herrschaft.

Klassenstaat, Offenbarungs- und Erlösungsreligion, Metaphysik, Platonismus, Tyrannei, Großbetrieben, Monopolismus. Er fordert daher, der „Herrschaft in allen ihren Formen abzusagen" (2, 477), die Freiheit, Menschlichkeit und den Frieden zu bejahen (1, 13), die Ersetzung des Klassenstaates durch den „klassenlosen Gemeinschafts- oder Genossenschaftsstaat" (1, 119), Aufklärung, die Ablehnung der „prälogischen Denkweise von Theologie und Metaphysik" (2, 455), Kleinbetriebe, Wettbewerb, Marktwirtschaft. Wo immer sich Herrschaft zeigt, muß sie bekämpft werden. Herrschaft ist der Gegensatz zur Freiheit. Herrschaft und Freiheit ist die große Polarität, zwischen der sich die Weltgeschichte abspielt (1, 18).

Neo-Liberalismus und Marxismus, zwei scheinbar entgegengesetzte Ideologien, sind sich einig im Ausgangs- und Zielpunkt: Herrschaft und Ausbeutung sind gleichbedeutend. Wer Herrschaft sagt, sagt Ausbeutung, wer Herrschaft verneint, verneint die Ausbeutung und fordert die Freiheit. Ein überraschender Befund: In ihrem repräsentativsten Vertreter unterscheidet sich die Ideologie des westlichen Bürgertums nicht von der marxistischen Ideologie.

Es macht ganz den Eindruck, als feiere die abendländische Vernunft im Marxismus und Neo-Liberalismus ihre Saturnalien. Beide stellen hinter einer vulgär-wissenschaftlichen Blendfassade die Begriffe auf den Kopf. Es ist das große Verdienst des Goethepreisträgers Leopold Ziegler, die eingetretene Konfusion zu entwirren und die Dinge und Begriffe wieder an jenen Platz zu rücken, den sie im unverbildeten Bewußtsein immer eingenommen haben: nicht Herrschaft und Ausbeutung sind komplementäre Begriffe, sondern Herrschaft und Opfer. Alle, die je an der Spitze gesellschaftlicher Institutionen standen, sei es der Kirche, des Staates, der Universitäten und Bildungsstätten, der Betriebe oder des Heeres – sie wissen, sofern sie ihr Amt ernst nahmen, um das geheime Verrungensein von Herrschaft und Opfer.

Für Leopold Ziegler ist die Verknüpfung von Herrschaft und Opfer der zentrale Punkt und das wesentliche Thema aller sozialen Fragen. Der Zustand oder „status" einer Gemeinschaft hängt nämlich davon ab, ob die in ihr Herrschenden des Opfers fähig sind, eines Opfers, das die Lebenskraft der Gemeinschaft erhält, wiederherstellt oder erhöht. Weit holt Ziegler aus, um seine These zu erweisen. Wir wollen seinem Weg folgen:[5]

Herrschaft und Opfer im magischen Bewußtsein

Der urtümliche Mensch versteht und begreift seine Umwelt, die ihn umgebende Natur mit allen ihren Erscheinungen – Sonne, Regen, Blitz und Donner, Wasserflut und Trockenheit – als von Urhebermächten, Urhebern und Urtätern abhängig. Er versucht, sich mit ihnen gutzustellen, ihren Zorn zu vermeiden oder zu besänftigen und entwickelt zu diesem Zweck ein ungeheures Arsenal an Mitteln zur Beeinflussung dieser Mächte mit nimmer versagendem Einfallsreichtum: magischem Zauber, beschwörenden Riten, kultischen Opfern, Ahnenverehrung und Totenmahl, scheubaren Schranken und heiligen Orten, Tempel und Kirche, Ordnung und Heil, Bild und Maß, Tanz und Spiel, Ton und Chor.

Nach frühmenschlicher Auffassung kann jedes Wort, jeder Blick, jede Gebärde, jede Handlung, ja jeder Gedanke Einfluß auf die Urhebermächte und damit auf das reale Geschehen in der Natur ausüben. Wie scheut der Frühmensch, den Unwillen dieser Mächte zu erregen, wie fürchtet er die kleinste Unterlassung, den kleinsten Fehltritt, der den Erfolg der Jagd vereiteln, ja der ihn vernichten kann, wenn er Zorn und Rache der Urhebermächte auf sich zieht.

Deshalb spannt er sein ganzes Leben in ein dichtmaschiges Netz ritueller Vorschriften und Satzungen ein. Vor jeder Handlung versucht er zu erkunden, welche Wirkung sie auf die Mächte haben könnte. Er unternimmt nichts, baut kein Haus, schlägt keinen Baum, nimmt keinen Weinberg in Pflege, pflügt keine Furche, bevor er nicht sorgsam erkundet hat, in welcher Menge, Gesinnung und Stimmung die Mächte zugegen sind, die freundlich-feindlichen Gewalten. Und nicht einmal im Schlafe wird dieser Ärmste seiner Freiheit froh, denn auch die ge-

---

5 Die Zusammenstellung dieses Beitrags geschah an Hand folgender Werke Leopold Zieglers: Überlieferungen (Üb.), 2. Aufl., München 1949; Menschwerdung (M), 2 Bde., Olten 1948; Von Platons Staatheit zum christlichen Staat (Pl.), Olten 1948.

träumten Gedanken, auch das geträumte Bild verfallen dem allgegenwärtigen Pandämonium der Mächte.

Mehr aber noch als den Zorn fürchtet der Frühmensch das Versiegen der segen- und lebensspendenden Kräfte der Urhebermächte. Mit gespannten Sinnen, mit einer Schärfe der Beobachtung und einer Aufmerksamkeit ohnegleichen werden alle Zeichen geprüft, die auf den Zustand der Urheberkräfte deuten: der Stand der Saaten und das Wachsen der Früchte, das Gedeihen der Kinder und die Mehrung des Viehs, Krankheit und Seuche, Jagdglück und Beute, Vogelzug und Wildwechsel, Feuerbrand und Regenfall, Wehrkraft und Kampfesausgang, aus jeder Pflanze sieht der Frühmensch, wie es um die Urheberkräfte bestellt ist.[6] Noch eindringlicher und nicht mehr überhörbar erfährt er es aus den Mündern derer, die von den Urhebermächten besessen sind: die Sibylle, die mit rasendem Munde Ungelachtes und Ungeschminktes und Ungesalbtes redet, reicht durch tausend Jahre mit ihrer Stimme, denn sie treibt der Gott (Heraklit).

Und wehe, die Zeichen und Münder künden von einem Schwinden der Urheberkräfte! Zuerst versucht der Frühmensch mit ahmendem Zauber die schlafenden Mächte aufzuwecken. Wenn die Sonnenkraft ausbleibt und schwindet, da rollt der Magier flammende Räder und lodernde Scheiben jauchzend über die Fluren; da bohrt und quirlt er, die Hochzeit der Welteltern Sonne und Erde rituell vergegenständlichend, so lange in die Bohle des heiligen Holzes, bis die Funken stieben und er das Feuer „zeugte". Da schleudert er tanzend die Fackel in die ragenden Scheiter des Notfeuers... da gießt er Wasser in die schrumpfende Furche des Feldes, Wasser, oder besser und wirksamer noch, tröpfelt er Blut auf die verkrustete Scholle oder ruft er mit seinen Trommeln und Pauken den großen Donner herbei...

Doch wehe, wenn auch des Magiers ahmende Gebärde das Schwinden der Kräfte nicht aufhalten kann. Da weiß er, daß nichts anderes mehr hilft als die Zuführung neuer Kräfte an die geschwächte Urhebermacht, weiß er, daß nichts anderes hilft als das Opfer.

---

6 „O Gott, man kann gewaltigen Zauber lesen in Gras, Stein, Pflanze, kennt man nur ihr Wesen." (Shakespeare, Romeo und Julia, 1. Aufzug, 3. Szene).

Er, dieser Frühmensch, der das innigste Verhältnis und Verständnis
für die urhebenden Kräfte besitzt, weiß eben hieraus oder aus manch
schmerzlicher Erfahrung,

- daß nicht jedes Opfer den Mächten genehm ist,
- daß nicht jeder Ort der geeignete ist, um das Opfer zu vollbrin-
  gen,
- daß nicht zu jeder beliebigen Zeit das Opfer gnädig aufgenommen wird.

So lernt er also unterscheiden,

- die Dinge und Seinesgleichen nach ihrer Fähigkeit, Verluste an
  schöpferischem Vermögen wettzumachen,
- im Raume bevorzugte Örtlichkeiten
- und in der Zeit bevorzugte Stunden und Tage, die den Mächten
  enger zugehören als andere.

Vor allem Menschen lernt er kennen und unterscheiden, die geradezu
als Verleiblichung des Manas, d.h. der urheberischen Kräfte, angesehen werden können. Der Gehalt an Mana entscheidet in der frühmenschlichen Gemeinschaft über Rang und Stellung. Keineswegs ist
diese frühmenschliche Gesellschaft eine Gesellschaft von Gleichen,
eingeebnet, amorph, nivelliert, unterschiedslos, sondern es gibt dort
höchst differenzierte Verdichtungskerne, Sammelbecken, Stauanlagen
urheberischer Kräfte. Der wahre Grund jedes Vorranges und jeder Vor-
macht einzelner innerhalb der frühmenschlichen Gesellschaft ist, daß
sich in ihnen die urheberischen Kräfte besonders konzentriert manife-
stieren.

Ihnen wendet sich die Aufmerksamkeit der Gemeinschaft in besonders hohem Maße zu. Sie sind Gegenstand der Verehrung, aber auch
der Scheu. Ihr Zustand ist entscheidend für das Wohlergehen der Gemeinschaft, denn die naive, polysynthetische Anschauungsweise des
Frühmenschen schließt unmittelbar vom Herrscher als dem Sammel-
punkt des Manas auf den Zustand der Urheberkräfte selbst. Zeigen sich
bei ihm, dem Herrscher, die ersten Zeichen schwindender Kräfte, die

ersten Schwächeanzeichen, dann wird es höchste Zeit, an seine Ablösung zu denken. Je nach der erreichten Staffel der Gesittung wird er unter festlicher Beteiligung lebendig begraben oder eingemauert, verbrannt, erdrosselt oder einfach nur erschlagen. Wo immer die Herrscher siechen, siechen notwendig die Mächte mit. Um keinen Preis soll daher der Herrscher an Krankheit oder Altersschwäche sterben. Nichts fürchtet die frühmenschliche Gesellschaft so sehr, wie den Strohtod ihres Herrschers. Ungeheuer einfallsreich sind Völkerbrauch und Völkersitte, um sich davor zu schützen.

Die afrikanischen Schilluks beispielsweise pflegten ihren König beim ersten Nachlassen seiner Geschlechtskräfte, welches seine Weiber unverzüglich den Untertanen hinterbrachten, in Gesellschaft einer mannbaren Jungfrau einzumauern, ihm ungefähr somit das Geschick des Feldherrn Rhadames in Verdis ägyptischer Oper auf ihre Weise bereitend. Noch besser ist es, auf solche Zeichen gar nicht zu warten, sondern das Gruppenoberhaupt schon vor Eintritt in die höheren Jahre umzubringen. Damit auch das möglichst zeremoniell geschehe, hat man vielfach die Form eines Zweikampfes gewählt mit den nächsten Anwärtern auf das Königsamt. Tag und Nacht in niemals aussetzender Wachheit und mit furchtbar angespannten Sinnen muß der Urkönig auf den blitzartigen Überfall des Thronanwärters gefaßt sein, weil er ja bloß durch einen laufenden Kettensieg über seine Rivalen den überzeugenden Beweis von der Ungebrochenheit seiner vitalen und magischen Potenz zu führen imstande ist.

Besser also ist es, gar nicht zu warten bis die Haare bleichen, die Zähne ausfallen, die Muskeln schrumpfen oder die Lenden darren. Nach anderem Völkerwissen verlaufen die magischen Gezeiten des Schwellens und Sinkens der urheberischen Kräfte in vorbestimmten Rhythmen oder Perioden, wie Ebbe und Flut, wie Schwarzmond und Weißmond, wie Sonnennähe und Sonnenferne – und dann erscheint der Zeitpunkt der Selbstopferung kalendarisch und astronomisch-astrologisch festgelegt, unbeschadet aller Zufälligkeiten, denen Leben und Gesundheit der Urkönige ausgesetzt sind, und unbeschadet auch des Zustandes der Gemeinschaft. Hier wird also dem allfälligen Schwinden der Kräfte durch Begrenzung der Regierungsdauer vorgebeugt, oder es wird die unvermeidlich eintretende Erschöpfung der

Kräfte durch ein Erneuerungsopfer gewendet. Da mögen Stamm und Heimat im besten Wohlstand blühen und kein Wölkchen den blauen Himmel der Volkszufriedenheit trüben – wenn seine Uhr abgelaufen ist, muß der Priesterkönig gnadenlos eines mehr oder weniger gräßlichen Todes sterben.

In der südindischen Provinz Quilacare beispielsweise besteigt der Priesterkönig, nachdem er sich in zwölf Jahre währender Herrschaftsdauer einer buchstäblich göttlichen Verehrung erfreuen durfte, sein rituell erbautes Blutgerüst, wo er nach feierlichem Gebet „vor allem Volke ein paar Messer nimmt und sich erst die Nase, dann die Ohren, die Lippen, alle Glieder und so viel Fleisch vom Körper zu schneiden beginnt, wie er kann…, bis er so viel Blut verloren hat, daß er ohnmächtig zu werden beginnt, und nun schneidet er sich selbst die Kehle durch. Und wer wiederum zwölf Jahre regieren und dieses Martyrium… auf sich nehmen will, muß anwesend sein, um hierbei zuzusehen. Und von dieser Stelle aus erheben sie ihn zum König" (Frazer, ct. Üb., S. 89).

Die Vormachtstellung des Herrschers in der frühmenschlichen Gesellschaft wird somit teuer erkauft durch die teils freiwillige, teils aufgezwungene Bereitschaft, die eigene Person hinzugeben für die Erhaltung der charismatischen Urheberkräfte der Umwelt, ja der Welt. Wo immer sich der einzelne vor der Gemeinde primär durch seine stärkere Geladenheit mit Urheberkraft auszeichnet, erwächst ihm durch eben diese Auszeichnung sekundär die Pflicht, der Welt durch alle Schwankungen und magischen Gezeiten hinweg ihren Fortbestand, der Gemeinde als solcher aber ihre Lebensdauer zu erhalten.

Grundsätzlich erhebt sich demnach der einzelne über Seinesgleichen nur insoweit, als er geeignet ist und bereit erscheint, für alle das rechte Opfer zu sein: schlechterdings nur dies, nichts anderes ist das Charisma der Herrschaft. Gesellschaftliche Stellung, herrscherliche Würde fußten ausschließlich auf der Bereitschaft, freilich auch auf der Eignung zur rituellen Darbringung der eigenen Person, und abermals beruht auf selbiger Bereitschaft und Eignung das Maß der inneren Verbundenheit der beherrschten Gruppe selbst mit den Urhebermächten, ihr Zustand oder „status". Ist es doch ausschließlich der Selbstopferer in Person, der bei Lebzeiten eine an sich nur lose verbundene Gemeinschaft von einzelnen zusammenhält und zusammenkittet, während er umgekehrt

durch sein vollbringendes Sterben den Hinterbliebenen ihren Fortbestand sichert.

Damit schilderten wir nicht nur die vorgeschichtliche Einsetzung
des Königsamtes, die vorgeschichtliche Entstehung von herrscherli-
cher Macht und Würde, sondern damit schilderten wir gleichzeitig
auch schon beinahe den Ursprung echter Stammesverbände, schilderten die „Geburt der Völker", deren Zustand oder status sich infolge der
mehr oder weniger regelmäßigen Wiederholung des rituellen Königs-
opfers unvermerkt zum wirklichen Staate verfestigt. Macht und Würde, Staat und Herrschaft, sie beruhen auf ein und derselben prästabilie-
renden Magie des Opfers. „Herrschaft und Opfer, Gemeinschaft und
Opfer, Gemeinschaft und Herrschaft bedingen und fordern sich im Bewußtsein der Gruppe als schlechthin komplementäre Institutionen, und
ähnlich, wie es eine herrscherliche Macht und Würde immer nur inso-
fern gibt, als ihre Inhaber und Träger durchweg auch die Ur-Opferer, ja
Ur-Opfer sind, ähnlich gibt es eine wahre Vergemeinschaftung der
Stämme und Völker im Staat, gibt es eine ‚Polis‘, gibt es einen ‚Status‘
gleichfalls bloß auf Grund dieses königlichen Selbstopfers. Und lange
noch hat im Klangkörper der Menschheit ein gefühlsmäßiges Wissen
um diese Zusammenhänge nachgezittert – mindestens so lange, als ein
Adel noch die Pflicht des Dienens zu seinem höchsten Vorrecht machte, ein Volk aber die Unentbehrlichkeit des Adels durch sein Verhalten
anerkannte, und so Volk am Adel, Adel am Volk wechselseitig erstark-
ten" (Üb. S. 95).

Nicht allein das Schwinden der urheberischen Kräfte befürchtet der
Frühmensch, auch gegen ihr Entweichen, ihre Verlagerung, gegen die
Beraubung muß er sich schützen und vorsehen, und so umgibt er den
Herrscher bei Lebzeiten mit einem verwickelten System von Sicherun-
gen, die sich zuguterletzt auf die allerpersönlichsten und alltäglichsten
Vorgänge erstrecken. Man hat mit Recht hervorgehoben, wie unfroh
und unfrei namentlich das Dasein der Urkönige und Urpriester ist, dieser bedauernswerten Sträflinge im Zwangshaus der ihnen auferlegten
„Etikette". Bei ihnen geschieht alles nach streng genormter Sitte, die
aber in Wahrheit alle Züge des Anomalen aufweist. Da ist keine Da-
seinsäußerung zu unbedeutend, daß sie nicht in Gebote eingezwängt,
durch Verbote eingeschränkt oder sogar aufgehoben wäre. Wer immer

von den Mächten befallen, gezeichnet-ausgezeichnet ist, der muß sein ganzes Verhalten so einrichten, daß ihm die ihn auszeichnende Würde, seine Sakralpotenz, zu Lebzeiten nicht entwendet, geraubt oder sonstwie abspenstig gemacht werden kann. In gar keiner Weise kann es der Gemeinschaft einerlei sein, ob der einzelne die sakrale Würde dort, wo er sie besitzt, achtlos und fahrlässig preisgibt. Also nicht nur, daß den Urkönigen ein mehr oder minder gewaltsam-gräßliches Ende gesetzt ist, auch zu Lebzeiten werden sie durch die Gemeinschaft ungefähr von allem ausgeschlossen, was wir als die das Leben verschönenden großen und kleinen Freiheiten uns ohne Zögern zu nehmen wissen. Wenn überhaupt die Kategorie der Ausbeutung auf die frühmenschlich-primitive Gesellschaft angewendet werden kann, dann ist der Herrscher das ausgebeutete Objekt sui generis.

Für den Frühmenschen, den Menschen der magischen Bewußtseinsstufe, den homo magus, der auch bis in unsere Zeit in uns und bei uns nicht wegzudenkende Wirklichkeit ist, für ihn also sind das Opfer und die Herrschaft dem Wesen nach Zuführung oder Sicherung lebensspendender Kräfte.

Allein, der Nutzen, den die Gemeinschaft aus dem Opfertode ihres Herrschers zieht, scheint bei einer noch so altruistischen Einstellung kein ausreichendes Äquivalent zu sein, den gewaltsam-gräulichen Tod, wenn er auch ein nur wenig vergnügliches Leben, aber doch immerhin Leben ablöst, beim Herrscher-Opfer schmackhaft zu machen. Von den Gedanken an Todesarten und Todesqualen, die unsere moderne Welt noch nicht einmal mehr für gemeine Verbrecher bereithält, mußte doch wohl bei Lebzeiten, sei es im Wachen oder im Schlafen, unser königlicher Selbstopferer bis zur Unerträglichkeit und dem Ausbruch von Wahnsinnsanfällen gepeinigt werden, würden nicht eben diese Gedanken an den Opfertod sich mit einer anderen Gedankenreihe des homo magus unlöslich verbinden. Wenn wir den Quellen trauen dürfen, dann ist der Mensch der magischen Bewußtseinsstufe von nichts mehr überzeugt als von der Unsterblichkeit, also vom Fortleben nach dem Tode in dieser oder jener, im Diesseits oder im Jenseits oder in beiden zugleich neu- oder wiederverkörperten Form.

Ferner müssen auf der magisch-primitiven Stufe des Menschseins, wenn auch noch durchaus keine klaren, so aber doch irgendwelche

Vorstellungen darüber vorhanden sein, daß es für dieses Fortleben keineswegs gleichgültig ist, welchen Lebens man sich hier befleißigte und welchen Todes man gestorben ist. Waren schon das gewöhnliche Leben und der Strohtod mit dem Fortleben nach dem Tode verbunden, so muß jedenfalls das außergewöhnliche Leben des Herrschers mit seinem abschließenden, zumeist außergewöhnlich-gräßlichen Opfertod zu einem Fortleben besonderer Art geführt haben, von dem wir vorerst aussagen können, daß es Qualen und Marter des Lebens und der Todesstunde für den Herrscher erträglich, vielleicht sogar erstrebenswert machte. Denn schließlich müßten wir uns selbst, müßten wir den Menschen nur sehr schlecht kennen, wenn wir ihm im Ernste zutrauten, er täte etwas in der Welt umsonst. Gilt dies schon von den täglichen Arbeiten und Geschäften, so gilt es erst recht von der Zumutung, das bisweilen bleischwere Kreuz eines Herrscherlebens zu tragen, um dann noch am Kreuze gekreuzigt freiwillig zu enden. Mithin also muß wohl das Fortleben nach dem Opfertode einen besonderen Mehrwert beinhalten, eine Rangerhöhung oder Beförderung des sich selbst zum Tode befördernden Opfers bedeuten, ein Fortleben in erhöhtem Stande oder eine Wiederverkörperung auf gehobener Daseinsstufe. „Opfer steigert, Opfer erhöht – dieser Gedanke scheint in dem träge brütenden Gehirn des homo magus, der seine Tage im Dreiviertelschlaf verdämmert… einen Funken zu entzünden. Opfer steigert, Opfer erhöht – mit diesem einen ‚Satze‘ nimmt der Frühmensch die gleichförmig sich wiederholende Reihe endloser Neuverleibungen und überspringt sie, beflügelt und beschwingt von der Hoffnung auf selige Umgeburt ‚in höherem Stande‘… erahnt jetzt der Frühmensch unter den Blutschauern seines Opferdienstes zum erstenmal die unabsehbare Möglichkeit, sich selbst und mit ihm seine ganze Umwelt nach ‚oben‘ zu bewegen… Inmitten der vielleicht noch völlig ungegliederten Gemeinde senkt sich jetzt auf das Haupt des Selbstopferers der auszeichnende Akzent wirklichen Heldentums: Durch den Vollzug eines unheimlichen Rituals besiegeln die Priesterkönige der Vorzeit ihren unbedingten Vorrang ebenso, wie sie ihren erschütterten Völkern darüber hinaus das Bewußtsein einer echten Klimax, will meinen einer Rang- und Stufenleiter sich selbst überwindender, sich selbst übertürmender Seins- und Lebensweisen zeigen" (Üb. S. 106f.). Opfer steigert die Urheberkraft, Opfer erhöht die Seinsform, das also ist das Geheimnis, welches der urtümliche Mensch kennt und vollzieht.

Herrschaft und Opfer im mythischen Bewußtsein

Ist uns nun somit der Gedanke von Herrschaft und Opfer beim magischen Menschen einigermaßen vertraut, so macht er auf der nächsten, der mythischen Stufe des Bewußtseins eine Wandlung durch, die den Sinn von Opfer und Selbstopferer noch entscheidend mehrt.

Der Mythos ist vordringlich heilige Geschichte, Geschichte in Person des Vaters, der Mutter und des Sohnes. Wir betrachten zuerst die stehenden Merkmale dieser heiligen Geschichte, die wir trotz der Vielfalt der Erzählungen in die Einzahl setzen dürfen, so stark schlagen die gemeinsamen Züge durch. Immer ist da, zuerst und auch zuwichtigst, das unvordenklich vorweltliche Sein des Heilsbringers, seine Prä-Existenz, will sagen seine Gegenwart jenseits der Raumzeitstetigkeit, die für uns die Wirklichkeit ausmacht. Da ist, zweitens, seine unbefleckte Empfängnis im Schoße der jungfräulichen Mutter und Gottgebärerin, häufig die Buhlin und Geliebte des eigenen Sohnes, dem sie sogar in die Unterwelt nachfolgt. Da ist, drittens, die leibliche Vaterlosigkeit des Sohnes. Da ist, viertens, die feierliche Vorverkündigung. Da ist, fünftens, die Aussetzung des vaterlosen Kindes in einer Wiege, einer Kiste oder einem Korbe, seine tückische Verfolgung seitens der herrschenden Gewalten des jeweiligen Gegenreiches und seine wunderbare Rettung. Da ist, sechstens, der Sieg über den alten Chaos-Dämon, die bestandene „Versuchung". Da ist, siebentens, und letztens, der Schicksalsumschwung auf der Höhe des Lebens, die Auslieferung an die Widersacher, die Folterung oder „Bohrung" an das Marterholz mit dem Vollzuge der stellvertretenden Selbstopferung. Anschließend dann die Toten- und Höllenfahrt, die Umgeburt und Auferstehung, der Amtsantritt der Weltherrschaft genau von derselben Region her, in die der Herr und Heiland nach Vollendung seiner siebenten Station eingeht.

Dieser Mythos verschmilzt häufig genug mit der Weltzeitstufen- oder Weltalterlehre. Als Beispiel sei hier der bezaubernde Mythos aus dem Buche Bundehesh vorgebracht, in dem die Grundzüge eranisch-avestischer Überlieferung noch einmal ineinandergearbeitet werden.

Dort zerfällt die „herrschende Zeit der langen Periode" in vier einzelne Zyklen oder „Äonen" von je dreitausend Jahren. Im ersten Äon werden die geistigen Wesenheiten geschaffen durch Mazda Ahura, der durch die Macht des heiligen Wortes dem vorzeitigen Auftritt des Widersachers Angra Manyu vorzubeugen weiß – des Widersachers, der die Schöpfung von Anbeginn gefährdet. Im zweiten Äon gelangen Welt und Gegenwelt voll zur Ausprägung. Gott und Widergott beginnen gleichzeitig aufzurüsten. Mazda Ahura erwählt seine sechs Mitstreiter, die Amshaspands, Angra Manyu die sechs Devas. Im dritten Äon versteifen sich die Spannungen. Dem Fürsten der Finsternis gelingt die Tötung der Sonnenkraft des Urstieres und des ewigen Menschen. Doch aus dem Samen beider entspringt das Tier- und Menschenleben aufs neue. Die Scharen der Hölle werden geschlagen, und der Schöpfer bestellt Yima, den ewigen Menschen in verjüngter Gestalt, zum Hüter der Erde. Aber gegen Ende des ersten Jahrtausends dieses Äons wird Yima zersägt, wird Yima gekreuzigt, um in der abermals verjüngten Gestalt des Königs Fretun den Drachen Azhi Dahaka, den schlimmen Gebieter dieses Jahrtausends, zu besiegen und anzuketten.

Es folgt das zweite Jahrtausend mit der Verteilung der Erde, doch die Söhne Fretuns zerfleischen sich im Brudermord. Der dritte Äon vergeht unter Rachekriegen, die das Land verwüsten; eine Sintflut bricht herein, aber wieder rettet Yima, der neu sich verleiblicht, was noch zu retten ist. Im vierten und letzten Äon predigt Zaratuschtra, auch er wieder eine Neuverleibung des Yima, die heilige Lehre. Aus Zaratuschtras Geblüt aber entsteht denn auch der Retter Saoshyant, Heiland der Heilande. Das dreizehnte Jahrtausend sieht seine Parusie. Jetzt stehen die Toten auf. Der Weltbrand verzehrt die Erde und glüht die Schöpfung von ihren Schlacken rein. Jetzt schmelzen die irdischen Metalle, und mit der Unterwelt wird auch ihr Beherrscher des Läuterungsfeuers Beute. Zuletzt ist jeder Keim des Bösen ausgetilgt (Üb. S. 299).

Wir heben hervor: erstens die niemals abreißende Kette der Neuverleibungen Yimas, des Ewigen Menschen. Immer vollbringt er die jeweils fällige Rettungstat – er besiegt den Drachen und kettet ihn an, er errettet die flutbedrängten Wesen, verkündet die heilige Lehre und erwirkt die Allererlösung. Immer ist er es, der in zwölfter Stunde Äußerstes abwendet und sich allmählich in dem Verhältnis zum wahren Heiland der Welt aufstuft, wie es die fortschreitende Zerrüttung fordert. Zuletzt aber erreicht er die schlechthinige Gottesreife und übertrifft als Saoshyant seine vorangegangenen Verleiblichungen als Yima, Fretun oder Zaratuschtra.

Zweitens aber bringt sich Yima immer wieder als Opfer dar, wird er immer wieder getötet, zersägt, gekreuzigt und reift er erst durch diese Selbstopferung zur schwersten aller Heilandstaten, der endgültigen Erlösung.

Drittens aber liegt diese Erlösung außerhalb, am Ende der Zeit. „Unaufhaltsam fallen die Weltstufen aus der Gottesmitte, unaufhaltsam verschlechtert sich und böst sich die Zeit... Mit dem gleichen Augenblick aber, da das vierte und eiserne Weltalter die Heraufkunft des Untermenschen, den Antritt seiner Weltherrschaft und die Gründung des Gegenreiches bringt; mit dem Augenblick, da die Entgöttlichung der Völker vollendete Tatsache geworden und die Schöpfung sozusagen ihren hieratischen Nullpunkt erreicht hat; mit dem Augenblick, da der geschaffene und gefallene Mensch nur noch sich selbst schamlos vergötzt, die heiligen Überlieferungen außer Kraft setzt, die Selbstbezeugungen Gottes in den Wind schlägt; mit diesem Augenblick... ist auch die Ankunft des end-gültigen Erlösers nahe herbeigekommen" (Üb. S. 302).

Denselben Sachverhalt finden wir in dem indischen Mythos von den Herabsteigungen (Avataras) Wischnus, der geradezu eine stammesgeschichtliche Metamorphose durchläuft, um schließlich als Krischna und Buddho im achten und neunten Avatara seine Verirdischungen vorläufig zu beenden, indes der zehnte Avatara noch aussteht und deshalb unbeschrieben bleibt.

Nachweislich haben sich schon in sumerischer Zeit „überwüchsige" Herrscher eine Art Erlöserwürde beigemessen. Vielleicht als frühestes Beispiel der Erlöserfürst Urukagina von Lagasch, dreitausend Jahre vor unserer Zeitrechnung.

Herrschaft und Opfer im philosophischen Bewußtsein

An diesem Einschnitt, an dem das mythische Bewußtsein Herrschaft und Opfer mit der Erlösung verknüpft, wäre nun wohl der Übergang zur heiligen Lehre, zur Doxa von Herrschaft und Opfer, zu suchen. Allein, wir wollen den Faden einstweilen zerreißen, um den Begriff von Herrschaft und Opfer im philosophischen Bewußtsein zu erfassen. Ziegler verweist hierbei auf jene merkwürdige, manchmal bewitzelte Stelle in Platons Staat, wonach es das Schicksal des am meisten gerecht Seienden und nicht Scheinenden ist, gegeißelt, gefoltert, gebunden, geblendet und nach Erduldung dieser Mißhandlungen zuletzt auch noch gekreuzigt zu werden (Platon, Staat, C. D. E. 362). Wie der Fangbaum im Wald die Schädlinge auf sich zieht, durch sie umkommt und eben dadurch den Wald gesunden läßt, so zieht der vollendet Gerechte alle Übel der Gesellschaft auf sich, um die Welt zu heilen, die Schuld zu sühnen, ist er es, der in die Höhle der Welt hinabsteigt, um die Heilung fremder Übel auf seine Schultern zu nehmen. Platon weiß um das geheimnisvolle Verrungensein von Herrschaft, Schuld, Sühne und Opfer. Mag er immerhin zwar das Schicksal seines Lehrers Sokrates vor Augen gehabt haben, so ahnt er zugleich das Schicksal des Königs voraus, der als der vollendet Gerechte, als Judex Justus Christus Rex, vierhundert Jahre später ans Kreuz genagelt werden wird. Worin bestehen denn, so stellt sich die philosophische Frage, das Übel und die Schuld, die der Herrscher, stellvertretend für die gesamte Gesellschaft, auf sich lädt, um zu sühnen, zu reinigen, zu heiligen, wiederherzustellen, was gebrochen, zu berichtigen und zu richten, was abgekommen vom vorgezeichneten Wege. An dieser Stelle verweist Ziegler in an Ausdruckskraft kaum zu überbietender Sprache auf die Lehre Platons von der Urschuld oder dem Urfrevel des Staates, dem Bruch des Gottesfriedens, der treuga Dei, durch die Abwendung von der Gerechtigkeit, vom Guten, von Gott, seinem Verlust der Mitte und des Maßes und seiner Hinwendung zur Unmäßigkeit, zur Üppigkeit, Genußsucht, die ihn über die Grenzmarken hinaus in fremde Gebiete treibt, zu Krieg und Eroberung, Ausfall und Beutezug, Bodenraub und Freiheitsraub, Gewalttat und Notzucht, Plünderung und Mißhandlung, Unterwerfung und Verknechtung, zu zerstampften Saaten, verwüsteten Fluren, entweihten

Heiligtümern und geschändeten Göttern. Die Wandlung vom kargen, selbstgenügsamen Staat zum verschwelgten Staat, zur Polis ede tryphosa (tryphaein = schwelgen), zum Staat, der sich schneller und stärker ausbreitet als gut ist, seine Bedürfnisse und Lebenshaltung steigert, auf Vervielfältigung der Gebrauchsgüter sinnt und ihre Verfeinerung und Veredelung betreibt, abwechslungsreichere Speisen, kostbarere Kleidung, geräumigere Wohnstätten, Bequemlichkeit und Dienerschaft, Schmuck und Tand, Spiel und Tanz, prunkende Feste und sinnenfrohe Künste begehrt – er, dieser Staat der Verschwelgung, ist Urschuld und Urfrevel, die durch den Opfertod gesühnt, gewandelt, ja „umgekehrt" werden sollen. Nur durch den Opfertod vermag der Gerechte eine Seinsweise und einen Seinsbereich der Gesellschaft vorzuleben oder, besser – vorzusterben, die der Verschwelgung und dem Verderben voll und ganz entgegengesetzt sind. Dieser heilende, rettende Herabstieg des vollendet Gerechten, seine Beladung mit Schuld und sein sühnendes Opfer sind notwendig geworden, notwendig durch die unwiderrufliche Abwärtsbewegung, durch den Fall aus dem Seinsbereich „vor der Zeit" ins Diesseits, durch die Verbösung, Vergegensätzlichung und Zerklüftung des Seins, auf die wir mit dem vorhin erwähnten eranisch-avestischen Mythos hindeuteten und auf die auch die Weltalterlehre mit ihrem sinkenden Knoten vom goldenen, silbernen, erzenen und eisernen Zeitalter anspielt. Er, dieser Gerechte, versucht durch sein Opfer diese Abwärtsbewegung in eine Aufwärtsbewegung zum seienden Sein, zum Ontoos On, umzukehren und so das herausgefallene, herausgetretene, existentielle (von existare = heraustreten) Sein wieder heimzuführen in das essentielle, wahrhafte und göttliche Sein. Genau dies und nichts anderes, nämlich die Hin- und Heimführung seiner Gemeinde, seiner Gruppe, seines Volkes, seines Staates, verschuldet durch die Verschwelgung, verstrickt im Endlichen, Zeitlichen, Vergänglichen, Vergegensätzlichten, zum wahren und ewigen Sein, zur Bestimmung des Lebens in Gott – das ist die immerwährende Aufgabe des Herrschers, und nicht anders vermag er sie seiner Gemeinde mitzuteilen, zu kommunizieren, als durch sein Opfer. Das gleiche Geheimnis immer wieder, gleich beim magischen, mythischen oder philosophischen Menschen: Opfer steigert, Opfer erhöht, in tausend und immer neuen Variationen spielt dieses eine Thema die Geschichte der Menschheit.

Herrschaft und Opfer im sozialen Bewußtsein

Versuchen wir zum besseren Verständnis noch einen Seitenblick auf eine durch Leopold Ziegler vorgenommene Erläuterung und Aufspürung des geheimen Sinnes des Wortes „Kommunismus" zu werfen. Aus dem Lateinischen stammend und entlehnt, tritt es mit einer reichen und bezeichnenden Verwandtschaft auf: Kommune, Kommunität, Kommunikation, Kommunion. Und diese Verwandtschaft läßt uns sogleich die pralle Bedeutungsfülle des Wortes „Kommunismus" erahnen. Das lateinische communis mit allen seinen Anverwandten setzt sich zusammen aus der Vorsilbe con = mit und dem Stamm und Hauptwort munus. „Munus" heißt zunächst Tätigkeit, Verrichtung, Leistung, Aufgabe und aktiviert so, was im Wort commune vorerst auf Gemeineigentum, Gemeinbesitz, Gemeingut abzuzielen scheint. Die zweite Bedeutungsgruppe umreißt diesen auf Leistung gerichteten Gehalt des Wortes „munus" noch genauer als Dienst, Dienstleitung, Dienstbarkeit, Dienstpflicht oder Amt. In der dritten Bedeutungsgruppe wird „munus" zum Liebesdienst, zum Geschenk, zur Spende, zur Opfergabe, Opferspende oder zum Totenopfer und Opfer schlechtweg. In dieser Anführung der Bedeutungsgehalte schleust sich das con-munis von munus zu munus hinauf: Besitz und Eigentum werden erst durch die Leistung geadelt und „recht". Die Leistung aber ist die Pflicht des Amtes und Amtsträgers. Das Aufgehen im Amte, die Liebe zum Beruf fragen nicht nach Gegenleistung und Verdienst, sondern werden in der höchsten Form zur Hingabe des eigenen Selbst, zum Opfer. Der Vollzug des Opfers aber führt zu einer vierten Bedeutungsgruppe, die eine Vergemeinschaftung besonderer Art bezeichnet, nämlich eine communio und communicatio, eine Teilhabe an einer höheren Seinsweise, an dem Reich nämlich, in dem die Toten ihr ewiges Leben leben.

Kommunismus als Gemeineigentum und Gemeinbesitz erweist sich als der untere, ja allerunterste „Grenz- und Schwellenwert einer Rangleiter von Kommunitäten, die erst in ihrer Vollzahl den Inbegriff des Con-Munus mit Sinn erfüllen… Was demnach heutzutage dem Selbstbewußtsein säkularisierter Völker Kommunismus heißt, wird jetzt als die historisch-dialektische Engführung eines Begriffes durchschaubar, den eine zeitweilige Sprachgewöhnung aus dem ungleich weiter gespannten Umfang des Con-Munus ausgesondert hat. Unser eigenes Bestreben zielt hingegen darauf, denselben künstlich vereinzelten Begriff jenem größeren Umfang wieder einzugliedern..." (Pl. S. 235). Vierzig Seiten straffster Gedankenführung und einprägsamer Sprache verwendet Ziegler auf diese Eingliederung. In ihnen finden sich die geistigen Waffen, um den Auflösungstendenzen gegenzusteuern, die heute alle Gemeinschaften, Familien, Völker und Staaten gleichermaßen bedrohen.

Herrschaft und Opfer im religiösen Bewußtsein

Seine letzte Steigerung und seinen Höhepunkt erfährt der Gedanke von Herrschaft und Opfer in der Person des Jesus von Nazareth, des Königs der Juden und Stifters des Neuen Bundes.

Mit Einsetzung und Vollzug des Abendmahles opfert Christus Blut und Leib auf mystische Weise am Vorabend seiner geschichtlichen Kreuzigung. Zugleich mit dem Vollzug dieser heiligen Handlung ist der Neue Bund gestiftet. Indem sie das Fleisch des Herren essen und das Blut des Herren trinken, werden die Apostel und ihre Nachfolger zu Gliedern des Leibes Christi. Der Leib wird zerbrochen und zerstückkelt, damit er den Tischgenossen Christi gegeben werde: „Wenn das Weizenkorn nicht in die Erde fällt und stirbt, ein einzelnes bleibt es" (Joh 12, 24). Durch Hingabe seiner Person vervielfältigt sich der einzelne und wird den Mehreren zur Spende. Mit dem Blute aber, das Er vergießt, stiftet Er den Neuen Bund, verschwistert und macht Er zu Blutsverwandten alle, die Sein Blut trinken. Das genossene Brot, der getrunkene Wein ist Vereinigung mit Gott selbst, mit des Gottes Selbst, mit Ihm, der sich hingegeben hat für uns. Wir treten an den Opfertisch des Gottes, um uns mit Ihm zu vergemeinschaften und zu vermählen. Eingeweiht in das eucharistische Mysterium, leben wir durch diese Gemeinschaft. Die Eucharistie ist die Keimzelle unserer abendländischen Gesellschaft, ihrer Völker und Staaten, wie Franz von Baader aufgewiesen hat. Damit aber ist auch zugleich der Begriff der Herrschaft zum äußersten und letzten vorangetrieben: denn eben durch sein Opfer beherrscht der Herr seine Gemeinde in einer Weise, die enger nicht mehr gedacht werden kann. In dieser absoluten Herrschaft sind Herrscher und Beherrschte völlig eins: ein Körper und eine Person.

Zusammenfassung

Wir sind am Ende des Weges angelangt, den Ziegler uns geführt hat.

– Für das magische Bewußtsein bedeutet Opfer Zuführung und Sicherung der schöpferischen Lebenskräfte. Herrschaft war gebunden an die Eignung zum Opfer. Herrschaft ist nicht unsittlichen Ursprungs, Herrschaft bedeutet ihrem Wesen nach nicht Ausbeutung, sondern sie beruht auf Opfer und Opferbereitschaft der Herrschenden. Die Kultur ist sakralen Ursprungs, nicht Folge des Sündenfalls und der Ausbeutung (wie für Rousseau, Marx, Rüstow u. v. a.).

– Für das mythische Bewußtsein ist Herrschaft und Opfer untrennbar mit der Erlösung verknüpft. Herrscher, Opfer und Erlöser sind eins, ihr Leben, ihre Taten und ihr Sterben sind der Kern der heiligen Geschichte. Der Inhalt der irdischen Geschichte ist mythische, heilige Geschichte, nicht Klassenkampf.

– Für das philosophische Bewußtsein ist Herrschaft und Opfer Hinführung zu höherem Seinsstand aus dem Stand der Schuld, nicht zu Verschwelgung, Wohlfahrtsökonomie und säkularisiertem Glückseligkeitsstreben.

– Im sozialen Bewußtsein wird die lose Gesellschaft durch Herrschaft und Opfer zur fest verbundenen Opfergemeinschaft; die communio erwies sich als das innere Wesen von Kommune und sogar von Kommunismus. Kommunität ist – so können wir gegen Toennies sagen – das Wesen der Sozietät.

– Das religiöse Bewußtsein erkennt das Selbstopfer Gottes als Geschehnis zum Heile von Mensch und Gesellschaft. In Einsetzung und Vollzug der Eucharistie wird der religiöse Mensch zuletzt in das Mysterium der Identität von Herrschaft und Opfer, Herrscher und Beherrschten, Opfer und Opferer eingeweiht.

„Herrschaft" und „Opfer", das lehrt uns Ziegler, sind Schlüsselkategorien des Gemeinschaftslebens, seinem Wohl und Wehe. Sie gehören zum ABC jener Tradition, die Ewiggültiges bewahrt.

Warum ist der Liberalismus
die Immunschwäche Europas?

Den Katholiken wurde ein so außerordentliches Gnadengeschenk
zuteil, daß es viele von ihnen in seiner Größe und Bedeutung für ihr
Leben und das Leben der Welt gar nicht erfassen, geschweige denn zu
schätzen wissen. Gemeint ist damit die Kirche,[1] die eine, heilige, katholische und apostolische Kirche, zu der wir uns im Credo bekennen.
Sie ist der mystische Leib Christi, das Reich Gottes, das wie die heilige
Esche Yggdrasil, der Weltenbaum der Germanen, die Wurzeln im
Himmel hat und mit seinen Verzweigungen, Verästelungen und Früchten alles irdische Leben umfaßt. Das Reich Gottes, das mit Christus,
dem Gottes- und Menschensohn, hier auf Erden als Keim und Anfang
angekommen ist, es wird „repräsentiert", d.h. ganz im Wortsinne:
„vergegenwärtigt" durch die von Christus gestiftete, erhaltene und ge-
leitete Kirche. Sie ist, wie das Vatikanum II im Einklang mit den Vätern festhält, die „Seele" der menschlichen Gesellschaft, ihr „Lebensprinzip" (Pius XII.). Seit ihrer Gründung wirkt in ihr „der Heilige
Geist, der Herr ist und lebendig macht", an dem wir teilhaben dürfen,
indem wir uns von ihm erfüllen lassen. Er vermittelt uns jene Wahrheit,
die von Gott ausgeht, die Zunge der Propheten gelöst hat, in Christi Geburt, Leben, Wort, Werk, Tod und Auferstehung sich offenbarte, den
Evangelisten die Feder führte, die Apostel zur Verkündigung der Fro-
hen Botschaft antrieb, die Kirchenväter in die göttlichen Geheimnisse
einweihte, die heiligen Kirchenlehrer mit dem gesamten Rüstzeug der
Philosophie tief die Glaubenswahrheiten ergründen ließ und die Kirche
selbst in der Ausübung ihres höchsten Lehramtes zur Formulierung der
Glaubensgewissheiten oder Dogmen anregte, die als sichere Wegmar-
ken die Gläubigen auf ihrer Suche nach der göttlichen Wahrheit vor Ir-
rungen und Wirrungen schützen. Die Gnade, in der Tradition von mehreren tausend Jahren höchster Geistigkeit stehen zu können, verdanken

---

1 Unter „Kirche" wird hier ausschließlich die römisch-katholische Kirche verstanden, die als einzige eine dogmatisch gesicherte Ekklesiologie kennt, ein
   autoritatives Lehramt aufweist und die an Mitgliedern zahlreichste ist.

wir der „haltenden Macht" der Kirche. Sie führte die feinsten Geister aller Jahrhunderte zusammen und verschmolz sie zu einem gewaltigen Chor, in dem keine Stimme unterging, die je in die große Symphonie zur Ehre Gottes, seiner Wahrheit und Weisheit einstimmte. Die Kirche ist „allumfassendes Sakrament", sie setzt das von Christus begonnene Erlösungswerk fort, speist es mit ihren Heilsgaben, durch die wir zu Brüdern und Schwestern in Christo werden, zu Kindern Gottes, die einen Vater haben, zu Fleisch vom Fleische und Blut vom Blute des Herrn, so daß wir zueinander mit Augustinus vertrauensvoll sagen können: „Auch Du bist Christus!". Im Zeichen Christi sammelt die Kirche die Völker und verbindet sie mit Gott, sie ist Zeichen und Werkzeug für die Einheit der ganzen Menschheit. Unablässig kämpft sie gegen den Friedensstörer, den Verwirrer und Lügner von Anfang an, gegen die übermächtigen Heerscharen des Widersachers. Und wenn es auch den Anschein hat, die Kirche würde in diesem gnadenlosen Kampf unterliegen, gebiert sie doch Tag um Tag neue Heilige, die die communio sanctorum stärken. Sie verwandelt Niederlagen in Siege und schreitet unablässig jenem Tag entgegen, an dem endgültig Gericht gehalten wird, die Böcke von den Schafen getrennt werden und der Sohn das vollendete Reich seinem Vater übergeben wird. In ihr, der pilgernden und streitenden und am Ende der Tage triumphierenden Kirche ist alles Heil. Außerhalb der Kirche ist keines zu finden (extra ecclesiam nulla salus), sosehr wir auch suchen mögen.

Für mich, der sich seit mehr als einem halben Jahrhundert mit den Sozialwissenschaften beschäftigt, gehört es zu den merkwürdigen Absonderlichkeiten unserer Zeit, daß gerade die Hauptströmung dieses Wissenschaftskomplexes, der sich die Verbesserung der Lebensverhältnisse und das Wohl von Menschen und sozialen Gruppen zum Ziele gesetzt hat, es aufs peinlichste vermeidet, das Wohl oder „Heil" dort aufzuspüren, wo es zu finden ist: in der Kirche, der Hüterin des Schatzes an Glauben und Sittlichkeit, der Basis jedes geordneten Gemeinwesens. Dabei sprechen die Heiligen Bücher aller Völker, und so auch die der Juden und Christen, eine ganz eindeutige Sprache: „Wenn der Herr das Haus nicht baut, bauen die Bauleute vergebens" (Ps 127, 1), „denn ohne mich (so spricht der Herr) könnt ihr nichts tun" (Joh 15, 5). Johannes XXIII. ist wohl zuzustimmen, wenn er meint: „Es gibt in unserer

Zeit wohl keine größere Torheit als den Versuch, in dieser Welt eine feste und brauchbare Ordnung aufzubauen, ohne das notwendige Fundament, nämlich ohne Gott" (MM 217).

Die modernen Sozialwissenschaften sind Kinder der Aufklärung. Hierin liegt der Grund für die Ausklammerung Gottes, des Fundaments jeder Ordnung, aus den Sozialwissenschaften, denn das Projekt der Aufklärung ist ja die Loslösung oder „Emanzipation" des Menschen von Gott und in der Folge von jeglicher Autorität, sowohl der kirchlichen wie der staatlichen und väterlichen Autorität, unter Rekurs auf die als „mündig" angenommene einzelmenschliche Vernunft. Heute dienen die Sozialwissenschaften praktisch ausschließlich der Legitimierung des Liberalismus in seiner rechten und linken Spielart, mithin also einer Ideologie und ihren Interessenten. Ihr Verhältnis zur Kirche soll hier näher geprüft und abgeklärt werden.

Kurze Charakteristik des Liberalismus

Ausgangspunkt des Liberalismus sind das Individuum und seine Freiheit. Das Individuum bestimmt sich selbst (Prinzip der „Selbstbestimmung), es ist „autonom", d.h. „frei". Als autonom verfolgt es allein sein Interesse. Nützlich ist, was der Verwirklichung seines Eigeninteresses dient. Rational handelt es, wenn es seinen Eigennutzen optimiert, d.h. Nutzen und Aufwand so gegenüberstellt, daß die Spanne zwischen Nutzen und Aufwand zugunsten des Nutzens möglichst groß ist. Indem jeder seinen eigenen Nutzen sucht, trägt er durch die Anstrengungen, die er unternimmt, ganz unbewußt und ohne Absicht zum Gesamtwohl aller am meisten bei. Dafür sorgt automatisch, d. h. ohne Eingreifen eines menschlichen oder göttlichen Wesens, die prästabilierte Harmonie, die vor allem in der Form des Wettbewerbs und dem Ausgleichsmechanismus des freien Marktes wirksam wird. Die Freiheit des einzelnen findet dort ihre Grenzen, wo ihre Ausübung einem anderen Schaden zufügt. Diese Grenzen zu bestimmen, ist Sache der gesetzgebenden Gewalt, die nach liberal-demokratischer Auffassung vom Volk ausgeht. Was nicht verboten ist, das ist erlaubt. Als grundsätzlich freies Individuum nimmt es Freiheitsverzicht und -einschränkungen nur in Kauf, wenn der Nutzen daraus größer ist als jener, der sich ohne Frei-

heitsverzicht ergäbe. Die Individualethik des Liberalismus ist hedoni-
stisch, seine Gesellschaftsethik utilitaristisch. Politisch ruht der Liberalismus auf vier Säulen: Freiheit, Demokratie, Marktwirtschaft und Privateigentum.

Kritik der Liberalen an Religion und Kirche

Der Liberalismus steht Religion und Kirche äußerst kritisch gegenüber.
Für den aufgeklärten Liberalen gehört Religion dem kindlichen Stadi-
um der Menschheit an, sie behindert Wissenschaft, Bildung,
Aufklärung Mündigkeit, Fortschritt und Freiheit, indem sie Abhängigkeit, Furcht, Hilflosigkeit, Unwissenheit, Irrationalität, Aber-
glauben, Geschichtspessimismus, Pfaffenherrschaft, Unterdrückung,
Vorurteile, Dogmatismus und Intoleranz fördert (mit all den schrecklichen Konsequenzen, die wir aus der Geschichte kennen: Kreuzzüge,
„heilige" Kriege, Niedermachen der Ungläubigen, Inquisition, Ketzer-
verbrennungen, Antisemitismus, Shoah). Die Autorität der Kirche ist
nicht durch das Volk legitimiert, sondern Instrument der Priesterherr-
schaft, die das Volk unterdrückt. Daher machen sich praktisch alle
echten Liberalen den Rat Voltaires zu eigen: „Écrasez l'infâme!". Die
Kirche, forderte der liberale Abgeordnete in der Paulskirche, Karl
Vogt, solle von der Erde verschwinden und sich am besten dorthin
zurückziehen, wo sie ihre Heimat hat, in den Himmel.[2] Noch für die
Deutschen Jungdemokraten des Jahres 1980 gehört die Kirche zu den
„Ideologiefabriken", die – wie Familie, Schule, Bundeswehr und Massenmedien – autoritäre und damit undemokratische Verhaltensweisen
fördern.[3] Dem Politischen Handbuch der Nationalliberalen von 1907
zufolge hat sich der Liberale als „energischer Gegner… des Klerus, der

---

2   Stenographischer Bericht über die Verhandlungen der deutschen constituieren-
    den Nationalversammlung zu Frankfurt am Main, hrsg. von Franz Wigand.
    Frankfurt / Main 1848, S. 1668, zit. von J. P. Müller: Religion und Politik, Ber-
    lin 1997, S. 72.
3   Vgl. Manifest für eine liberale Politik. Deutsche Jungdemokraten. 6. Aufl.,
    Bonn – Bad Godesberg 1980, S. 27.

Hierarchie und des Papsttums" auszuweisen.[4] Die Kirche wird als „autoritärer Zwangsapparat" betrachtet, dem man keinen Einfluß auf die Erziehung der Kinder einräumen sollte. Sie ist zutiefst inhuman, menschenverachtend, antidemokratisch, reaktionär, konterrevolutionär, staatszerstörend, antipatriotisch, „misleading and noxious ab initio" (J. St. Mill).[5] Bei dieser von Vorurteilen durchsetzten und zum Teil geradezu gehässigen Kritik des Liberalismus an Religion und Kirche kann es kaum verwundern, daß auch die Kirche mit sehr deutlichen Worten den Liberalismus verurteilt.

Die Kritik der Kirche am Liberalismus

Kirche und Liberalismus sind unvereinbar. Ein Liberaler kann kein guter Katholik, ein Katholik kein echter Liberaler sein. Für die Kirche ist der Liberalismus eine „Häresie" (Pius IX.), eine „Wohlstandskrankheit und Immunschwäche" (Bischof Krenn), eine „satanische Ideologie" (Leo XIII.), eine „Struktur der Sünde" (Johannes Paul II.), eine „Pestseuche"(Pius IX.).

Die Gründe für die Ablehnung des Liberalismus durch die Kirche sind theologischer, philosophischer, anthropologischer, moralischer und soziologischer Art.

Alle Religionskritik, von der der Liberalismus ja angesteckt ist, leugnet zuletzt Gott. Gott ist für sie ein Geschöpf des Menschen, nicht der Mensch ein Geschöpf Gottes. Daher gelten auch Religion und Kirche als Erfindungen des Menschen. Vom Grundsatz her ist der Liberalismus atheistisch. Einzelne, weniger konsequente Richtungen des Liberalismus anerkennen deistische und pantheistische Gottesbegriffe, doch stecken auch in solchen Gottesbegriffen Häresien, die Gott als Person, als Schöpfer, Gesetzgeber und Regierer der Welt ebenso leugnen wie die Menschwerdung Christi und den übernatürlichen Ursprung und Charakter seiner Kirche. Selbstredend werden Atheismus, Agno-

---

4 Centralbureau der Nationalliberalen Partei Deutschlands (Hrsg.): Politisches Handbuch der Nationalliberalen Partei, Berlin 1907, S. 561.
5 J. St. Mill: Theism, in: Essais on Ethics, Religion and Society, ed. by J. M. Robson. Toronto – London 1969, S. 429.

stizismus, Deismus, Pantheismus oder religiöser Indifferentismus als
wertebildende und sittliche Grundlage der Kultur eines Landes von der
Kirche nicht akzeptiert.[6]

Auch mit den philosophischen („weltanschaulichen") Grundauffas-
sungen des Liberalismus kann sich die Kirche nicht befreunden. Sie
wurde nicht müde, Immanentismus, Naturalismus, Positivismus, Rationalismus, Evolutionismus, Progressismus, Materialismus, Modernismus und ähnliche philosophische Strömungen zu verurteilen, die
den Versuch machen, die Welt ohne Gott zu erklären.[7]

In anthropologischer Hinsicht ist für die Kirche der Mensch nicht
„autonom" wie für den Liberalismus, sondern „theonom", Ab-Bild des
Schöpfers, das er in seinem Lebensvollzug immer deutlicher herauszu-
arbeiten hat. Darin, in der similitudo Dei, liegt die Bestimmung des
Menschen. Das Leben steht daher nach Auffassung der Kirche ganz
unter dem Gesetz Gottes, dem der Mensch sich unterwerfen muß, wenn
er das ewige Leben gewinnen will, sich aber auch verweigern kann mit
der Folge ewiger Verdammnis. Freiheit besteht daher zuvorderst in der
Wahl (der „optio fundamentalis"), Gott und seine Gesetze zu bejahen
oder zu verneinen.[8]

Dem Geschenk der Freiheit verdankt der Mensch nach kirchlicher
Auffassung seine sittliche Würde.[9] Jeder Mensch ist zu einem Leben in
Würde berufen, doch ob er ein gelungenes, würdiges Leben führt oder
nicht, dafür ist er selbst verantwortlich. Ein würdiges, „gottgefälliges"
Leben führt der Mensch dann, wenn er „freiwillig" (und nicht bloß

---

6   Vgl. Pius IX.: Syllabus, Rom 1864, in: A. Utz / B. Gräfin von Galen (Hrsg.):
    Die katholische Sozialdoktrin in ihrer geschichtlichen Entfaltung, 4 Bde.,
    Aachen 1976; Pius X.: Lamentabili, Rom 1907, in: K. Haselböck (Hrsg.):
    Freude an der Wahrheit, Bd. 14, Wien o. J.; derselbe: Pascendi dominici gre-
    gis, Rom 1907, in: K. Haselböck (Hrsg.): Freude an der Wahrheit, Bd. 20,
    Wien 1990; Johannes Paul II.: Fides et ratio, Rom 1998, in: Sekretariat der
    Deutschen Bischofskonferenz (Hrsg.): Verlautbarungen des Apostolischen
    Stuhls, Band 135, Bonn 1998.
7   Vgl. Pius IX.: Syllabus, a. a. O.; Pius XII.: Humani generis, Rom 1950, in:
    K. Haselböck (Hrsg.): Freude an der Wahrheit, Bd. 118, Wien 1993.
8   Vgl. Johannes Paul II.: Veritatis splendor, Rom 1993.
9   Vgl. Leo XIII.: Libertas, praestantissimum, Rom 1888, in: Utz / Galen, a. a. O.
    (FN 6).

gezwungenermaßen, z.B. wegen der staatlichen Gesetze oder aus Furcht vor Strafe) in allen seinen Entscheidungen und Handlungen das „Gute tut und das Böse meidet",[10] indem er sich einer sittlichen Ordnung unterstellt und diese „realisiert". Die ethische oder sittliche Ordnung des Lebens beruht auf einer Wertordnung, die Prioritäten setzt und Abstufungen kennt. Sie mündet in einem Höchstwert, auf den alle übrigen Werte hinzuordnen sind. „Nur einer ist ‚der Gute'" (Mt 19, 17). Für den Christen ist „niemand gut außer Gott, dem Einen" (Mk 10, 18). „Die sittliche Ordnung hat nur in Gott Bestand, wird sie von Gott gelöst, löst sie sich selbst auf" (Johannes XXIII.).[11] Der Mensch kann nach kirchlicher Auffassung nicht über Gut und Böse entscheiden, er kann keine Werte setzen, sondern sie nur anerkennen, achten und vollziehen, will er ein sittlich einwandfreies, würdiges Leben führen.[12] Werte sind ihm vor-gegeben, er erkennt sie zuletzt in seinem Gewissen (Kant nennt das Gewissen treffend „den Deus in nobis"), denn sie sind ihm „ins Herz eingeschrieben" – auch den „Heiden"![13] – oder sie wurden ihm durch Gottes Wort „offenbart". Das Gewissen ist für die Kirche der Beweis für „das Sein des Menschen zu Gott", der Mensch hat Existenz und Freiheit zur Verherrlichung Gottes, durch die er selbst in der Herrlichkeit Gottes erstrahlt und zum Bild (imago) Gottes wird, Widerspiegelung von Gottes Allmächtigkeit, Souveränität und Freiheit. Das eben lehrte ihn die Menschwerdung Christi, durch die „Gott Mensch geworden ist, damit der Mensch Gott werde" (oder in den Worten der Kirchenväter: „Factus est Deus homo, ut homo fieret Deus"),[14] d. h. sich ganz mit Gott erfülle und „Sohn im Sohn"[15] in der

---

10 Vgl. Vatikanum II.: Gaudium et spes, Rom 1965, n. 16.
11 Johannes XXIII.: Mater et Magistra, Rom 1961, n. 208, in: Bundesverband der Katholischen Arbeitnehmer-Bewegung Deutschlands (Hrsg.): Texte zur katholischen Soziallehre, 8. Aufl., Kevelaer 1992.
12 Johannes Paul II.: VS (FN 8), n. 35; derselbe: Evangelium vitae, Rom 1995, n. 71, in: Sekretariat der Deutschen Bischofskonferenz (Hrsg.): Verlautbarungen des Apostolischen Stuhls, Band 120, Bonn 1995.
13 Johannes Paul II.: VS (FN 8), n. 54, unter Bezug auf Röm 2, 14–16.
14 Ps. Augustinus: Sermo 128, 1, zit. von L. Ott: Grundriß der Dogmatik, 8. Aufl., Freiburg – Basel – Wien 1981, S. 310.
15 Vgl. Johannes Paul II.: VS (FN 8), n. 45.

Nachfolge Christi werde. Nicht Selbstverwirklichung, sondern Gott-
verwirklichung ist das höchste Ziel und die Vollendung des Menschen
in seinem Reifegang durch das endliche Leben. Es ist daher selbstverständlich, daß die Kirche den Hedonismus als Individualethik des
Liberalismus („Selbstverwirklichung", Lustmaximierung, vorrangige
Triebbefriedigung nach dem Motto: „What feels good, is good", „let's
have good fun") striktest ablehnt.[16] Leben ist Hingabe, Selbstopfer in
der Liebe zu Gott und den Nächsten.[17]

Ebenso verurteilt die Kirche die individualistische Gesellschaftsauffassung des Liberalismus und ihre politischen Folgerungen wie Egali-
tarismus, Etatismus, Demokratismus und Volkssouveränität sowie im
Wirtschaftlichen die liberalkapitalistische Vergötzung von Kapital,
Markt, Wettbewerb und Privateigentum. Einige authentische und auto-
ritative Stellungnahmen des Lehramts zum Liberalismus seien hier angeführt.

Aussagen des kirchlichen Lehramts zum Liberalismus

Pius IX. verurteilt mit dem Syllabus von 1864 ausdrücklich die Forderung nach Aussöhnung der Kirche mit dem Liberalismus, Progressismus und Modernismus (n. 80). Philosopheme, die im Widerspruch zur
kirchlichen Lehre stehen, sind nicht zu tolerieren (n. 11). Der Versuch
des Rationalismus, Religion und Sittlichkeit auf die menschliche Vernunft und nicht auf die göttliche Offenbarung zu gründen, ist zurück-
zuweisen (nn. 3–4). Die Philosophie darf niemals als unabhängig von
der übernatürlichen Offenbarung angesehen werden (n. 14). In religiösen Fragen gibt es keine Indifferenz (nn. 15–18, 79). Der Vorrang des
(göttlichen) Naturrechts vor den bloß menschlich-bürgerlichen Gesetzen, Gebräuchen und Interessen ist zu wahren (nn. 56–58). Die Trennung von Staat und Kirche ist abzulehnen (n. 55), ebenso die Unterstel-
lung der Kirche, ihrer Autoritätsausübung und Autonomie unter die
Staatsgewalt (nn. 19–34, 41, 42, 44, 49–52). Die Bestreitung des sakra-

---

16 Vgl. Johannes XXIII.: MM (FN 11), n. 235.
17 Vgl. Johannes Paul II.: VS (FN 8), n. 87.

mentalen Charakters der Ehe oder ihrer Unauflöslichkeit ist zu verurteilen (nn. 66f.), die Zulassung der Zivilehe unter Christen ist nicht zu
gestatten (nn. 71, 73).

Niemals kann ein „Christ der liberalistischen Ideologie beipflichten,
die einseitig die Freiheit der Person überbetont, sie von jeder Bindung
an Normen zu lösen sucht, nur aufstachelt zum Erwerb von Besitz und
Macht und die sozialen Beziehungen fast nur als sich von selbst einstel-
lende Ergebnisse der privaten Initiativen ansieht..." (Paul VI.: Octoge-
sima adveniens, Rom 1971, n. 26).

Für Leo XIII. ist der Liberalismus eine satanische Ideologie: „Viele
streben, Luzifer folgend, der das frevelhafte Wort gesprochen hat ‚Ich
will nicht dienen' (Jer 2, 20), unter dem Namen der Freiheit nach einer
absurden Zügellosigkeit. Zu diesen gehören die Anhänger der so weit-
verbreiteten und so mächtigen Schule, die, ihren Namen von der
Freiheit herleitend, Liberale genannt werden wollen. In der Tat, was in
der Philosophie die Naturalisten und Rationalisten, das sind auf dem
Gebiet der Moral und des bürgerlichen Lebens die Anhänger des Liberalismus" (Libertas, praestantissimum, Rom 1888, n. 51).[18]

Kirche und Demokratie

Leo XIII., schreibt Pius X. im Jahre 1910 an die französischen Bi-
schöfe, die sich in einem schweren Abwehrkampf gegen den Laizis-
mus befanden, „brandmarkte eine gewisse Demokratie, die in ihrer
Entartung („perversité") so weit ging, daß sie die Souveränität in der
Gesellschaft dem Volke zuspricht und die Beseitigung und Einebnung
aller sozialen Klassenunterschiede anstrebt" (Pius X.: Notre charge
apostolique, Rom 1910, n. 237).[19]

Als schwerer Irrtum wird die Auffassung bezeichnet, wonach der
Ursprung der öffentlichen Autorität oder Herrschergewalt vom Volk
ausgeht und vom Volk an die Regierenden übertragen wird, „und zwar
mit dem Vorbehalt, daß sie durch den Willen des Volkes... widerrufen

---

18 In: Utz / Galen (FN 6). Die Numerierung folgt dieser Ausgabe.
19 In: Utz / Galen (FN 6). Die Numerierung folgt dieser Ausgabe.

werden kann" (Leo XIII.: Diuturnum illud, zit. von Pius X.: NCA, n. 229). „Aber abgesehen davon, daß es abnorm ist, wenn die Übertragung (Anm.: der Herrschergewalt) emporsteigt, da es doch zu ihrem Wesen gehört, herabzusteigen, hat Leo XIII. diesen Versuch, die katholische Lehre mit dem Irrtum einer Scheinphilosophie zu versöhnen, von vornherein zurückgewiesen. Denn er fährt fort: ‚Es ist wichtig, dies hier zu bemerken, daß diejenigen, welche die öffentlichen Angelegenheiten leiten, in gewissen Fällen durch den Willen und die Entscheidung der Mehrheit gewählt werden können, ohne daß die katholische Lehre dem widerspricht oder entgegensteht. Aber wenn diese Wahl auch den Regierenden bezeichnet, so überträgt sie ihm doch nicht die Machtvollkommenheit zu regieren: die Wahl überträgt ihm nicht die Vollmacht, sondern bezeichnet nur die Person, welche deren Träger sein soll'" (NCA, n. 249): „Die Vollmacht geht von oben aus, um nach unten zu gelangen" (ebenda), denn alle Gewalt stammt von Gott (Röm 13, 1), und von ihm, und nicht vom Volke, gehen auch alle sittlichen Werte und alles Recht aus.

„Eine Demokratie ohne Werte verwandelt sich, wie die Geschichte beweist, leicht in einen offenen oder hinterhältigen Totalitarismus" (Johannes Paul II.: Centesimus annus, Rom 1991, n. 46). „Der Wert der Demokratie steht und fällt mit den Werten, die sie verkörpert und fördert" (Johannes Paul II.: Evangelium vitae, Rom 1995, n. 70). Diese „Werte werden kein Individuum, keine Mehrheit und kein Staat je hervorbringen, verändern oder zerstören, sondern nur anerkennen, achten und fördern können" (n. 71), denn sie entspringen der Wahrheit des menschlichen Seins und der Würde der Person (vgl. ebenda). „Heute neigt man zu der Behauptung, der Agnostizismus und der skeptische Relativismus seien die Philosophie und Grundhaltung, die den demokratischen Formen des Lebens entsprechen. Alle, die überzeugt sind, die Wahrheit zu kennen, seien vom demokratischen Standpunkt nicht vertrauenswürdig, weil sie nicht akzeptieren, daß die Wahrheit von der Mehrheit bestimmt werde und daß sie entprechend der jeweiligen Trends wandelbar sei" (CA, n. 46). „Es ist die Gefahr der Verbindung zwischen Demokratie und ethischem Relativismus, die dem bürgerlichen Zusammenleben jeden sicheren sittlichen Bezugspunkt nimmt, ja mehr noch, es der Anerkennung der Wahrheit beraubt" (Johannes Paul

II.: Veritatis splendor, Rom 1993, n. 101). „Wenn es keine letzte Wahrheit gibt, die das politische Handeln leitet und ihm Orientierung gibt, dann können die Ideen und Überzeugungen leicht für Machtzwecke mißbraucht werden" (CA, n. 46). Denn auch „in den die demokratische Beteiligung einschließenden Regierungssystemen erfolgt die Regelung der Interessen häufig zum Vorteil der Stärkeren, vermögen sie doch am besten nicht nur die Hebel der Macht, sondern auch das Zustandekommen des Konsenses zu steuern. In einer solchen Situation wird Demokratie leicht zu einem leeren Wort" (EV, n. 70).

Wider die individualistische Gesellschaftsauffassung

Scharfe Kritik wird von der Kirche an der dem Liberalismus eigenen individualistischen Gesellschaftsauffassung geübt, weil sie zur Zerschlagung der zwischen dem Staat und den einzelnen stehenden „corps intermédiaires", der Korporationen, Genossenschaften und Berufsstände, aber auch der Familien- und Heimat- oder Territorialverbände geführt hat. „In Auswirkung des individualistischen Geistes ist es soweit gekommen, daß das einst blühend und reichgegliedert in einer Fülle verschiedenartiger Vergemeinschaftungen entfaltete Gesellschaftsleben derart zerschlagen und nahezu ertötet wurde, bis schließlich fast nur noch die Einzelmenschen und der Staat übrig blieben – zum nicht geringen Schaden für den Staat selber. Das Gesellschaftsleben wurde ganz und gar unförmlich; der Staat aber, der sich mit all den Aufgaben belud, welche die von ihm verdrängten Vergemeinschaftungen nun nicht mehr zu leisten vermochten, wurde unter einem Übermaß von Obliegenheit und Verpflichtungen zugedeckt und erdrückt" (Pius XI.: Quadragesimo anno, Rom 1931, n. 78).

Ablehnung des Liberalkapitalismus

Die liberalkapitalistische Wirtschaftsordnung wird mit Nachdruck bis in die jüngste Zeit hinein abgelehnt und beispielsweise vom gegenwärtigen Papst als eine „Struktur der Sünde" (Johannes Paul II.: Sollicitudo rei socialis, Rom 1987, n. 38, in Verbindung mit n. 20) bezeichnet. Die „rechte Ordnung der Wirtschaft kann nicht dem freien Wettbewerb

anheimgegeben werden. Das ist ja der Grundirrtum der individualistischen Wirtschaftswissenschaft, aus dem all ihre Einzelirrtümer sich ableiten: in Vergessenheit oder Verkennung der gesellschaftlichen wie
der sittlichen Natur der Wirtschaft glaubte sie, die öffentliche Gewalt
habe der Wirtschaft gegenüber nichts anderes zu tun, als sie frei und
ungehindert sich selbst zu überlassen; im Markte, d. h. im freien Wettbewerb besitze diese ja ihr regulatives Prinzip in sich, durch das sie
sich vollkommener selbst reguliere, als das Eingreifen irgend eines geschaffenen Geistes dies je vermöchte. Die Wettbewerbsfreiheit – obwohl innerhalb der gehörigen Grenzen berechtigt und von zweifellosem Nutzen – kann aber unmöglich regulatives Prinzip der Wirtschaft
sein... Die an die Stelle der Wettbewerbsfreiheit (Anm.: in der Praxis)
getretene Vermachtung der Wirtschaft kann aber noch weniger diese
Selbststeuerung bewirken: Macht ist blind; Gewalt ist stürmisch... sie
selbst bedarf kraftvoller Zügelung und weiser Lenkung... durch staatliche und gesellschaftliche Einrichtungen, die ganz und gar von Gerechtigkeit und sozialer Liebe durchwaltet sind" (Pius XI.: Quadragesimo anno, Rom 1931, n. 88). „Es besteht die Gefahr, daß sich eine radi-
kale kapitalistische Ideologie breitmacht... die die Lösung der (Anm.:
sozialen) Probleme in einem blinden Glauben dem freien Spiel der
Marktkräfte überläßt" (CA, n. 42) und zur „Vergötzung des Marktes"
führt (CA, n. 40). „Wird aber unter ‚Kapitalismus‘ ein System verstanden, in dem die wirtschaftliche Freiheit nicht in eine feste Rechtsord-
nung eingebunden ist, die sie in den Dienst der vollen menschlichen
Freiheit stellt und sie als eine besondere Dimension dieser Freiheit mit
ihrem ethischen und religiösen Mittelpunkt ansieht, dann ist die Antwort (Anm.: auf die Frage nach der Zulässigkeit des kapitalistischen
Systems) ebenso entschieden negativ" (CA, n. 42). „Die Wirtschaft ist
nur ein Aspekt und nur eine Dimension der Vielfalt menschlichen Handelns. Wenn sie verabsolutiert wird, wenn Produktion und Konsum
von Waren schließlich die Mitte des gesellschaftlichen Lebens einnehmen und zum einzigen Wert der Gesellschaft werden, der keinem anderen mehr untergeordnet wird... dann verliert sie ihre notwendige Beziehung zum Menschen, den sie schließlich entfremdet und unterdrückt" (CA, n. 39). „Sowohl der Wettbewerb, wie ihn die Liberalen
wollen, als auch der Klassenkampf im Sinne des Marxismus sind ganz

und gar unvereinbar mit der christlichen Lehre, ja mit der menschlichen Natur" (Johannes XXIII.: Mater et magistra, n. 23).

Liberalismus und Freimaurerei

Von der Kirche wird die Wirksamkeit des Liberalismus mit der wohlorganisierten Freimaurerei in Verbindung gebracht, die von ihrem ersten Auftreten an bis zum heutigen Tag von allen Päpsten einhellig verurteilt wurde.[20] Die Zugehörigkeit zu den Logen wird mit der schwersten Kirchenstrafe, der Exkommunikation, belegt. In einer eigenen Enzyklika über die Freimaurerei („De secta massonum", Rom 1885) hat Leo XIII. mit ihr abgerechnet. Die Freimaurerei wird dem Reich Satans zugeordnet (n. 132).[21] Ihr ist es gelungen, „dreist und arglistig in alle Ordnungen des Gemeinwesens einzudringen und eine solche Macht zu gewinnen, daß sie nahezu die Herrschaft in den Staaten auszuüben scheint" und „die Kirche, die Gewalt der Fürsten (Anm.: des Staates) und die öffentliche Wohlfahrt bedroht" (n. 136). Ihr Ziel ist es, „die gesamte religiöse und staatliche Ordnung, wie sie das Christentum begründet hat, von Grund auf zu stürzen und nach ihrem Gutdünken eine neue zu schaffen nach den Grundprinzipien des Naturalismus. Die Freimaurer leugnen jede göttliche Offenbarung und verwerfen jedes religiöse Dogma; nach ihnen gibt es keine Wahrheit, die des Menschen Vernunft überschreitet, keinen Lehrer, der kraft seines Amtes das Recht hätte, Glauben zu fordern… Seit langem ist sie (Anm.: die Freimaurersekte) bestrebt, das Lehramt der Kirche und ihre Autorität im Staate zu untergraben, weswegen sie öffentlich eine vollständi-

---

20 So zuletzt mit der von Papst Johannes Paul II. ausdrücklich bestätigten Erklärung der Kongregation für die Glaubenslehre vom 26. November 1983, die im Zusammenhang mit dem neuen Codex Juris Canonici abgegeben wurde. Ihr zufolge „befinden sich die Gläubigen, die freimaurerischen Vereinigungen angehören, im Stand der schweren Sünde und können nicht die heilige Kommunion empfangen". Der lateinische Text dieser Erklärung wurde im L'Osservatore Romano vom 27. November 1983 veröffentlicht (dtsch. in der Wochenausgabe vom 2. Dezember 1983, 13. Jg., Nr. 48).

21 Leo XIII.: Humanum genus, Rom 1885, in: Utz / Galen (FN 6). Die Numerierung folgt dieser Ausgabe.

ge Trennung von Kirche und Staat verkündigt und verteidigt" (n. 141).
„In Rede, Schrift und Lehrvorträgen werden selbst die Fundamente der
katholischen Lehre angegriffen" (n. 141), „Zeitschriften und Erzählungen ohne jedwede Scham noch Scheu, Schauspiele, die sich hervortun
durch Zügellosigkeit, eine Kunst, die vom sogenannten Verismus ihre
Gesetze übernimmt, ein übertriebener, verweichlichender Luxus, all
das dient dazu, die Leidenschaften zu erregen und die Tugend einzu-
schläfern... Da nämlich schlauen und verschlagenen Menschen niemand sklavischer zu gehorchen pflegt als jene, welche die Leidenschaften entnervt und gebrochen hat, so haben sich in der Sekte der
Freimaurer Leute gefunden, die öffentlich den Vorschlag machten,
planmäßig und mit Bedacht dahin zu wirken, die Menge durch eine
grenzenlose Zügellosigkeit gefügig zu machen..." (n. 144).

„Wo die Furcht vor Gott und die Ehrfurcht vor seinem heiligen Gesetz geschwunden sind, die Autorität der Fürsten (Anm.: des Staates)
verachtet, der Aufruhr erlaubt und gutgeheißen, den Begierden der
Massen volle Zügellosigkeit gestattet wird und nur die Furcht vor Strafe noch zurückhält, da muß ein allgemeiner Umsturz erfolgen... Und
die Sekte der Freimaurer kann nicht leugnen, daß sie diesen begün-
stigt" (n. 149).

Das klingt in den Ohren der Liberalen naturgemäß nach Verschwö-
rungstheorie. Doch inzwischen erhält die Argumentation der Päpste
Verstärkung aus den Reihen des Club of Rome, behauptet doch dieser,
daß die für die Menschheit bedeutsamen Entscheidungen von nicht
mehr als 1.000 Führungskräften getroffen werden, „doch damit überschätzen wir ihre Zahl vermutlich schon".[22]

Freiheit und Würde

Bestimmung von Mensch und Gesellschaft ist die Verherrlichung
Gottes. Sie sind frei, diese Bestimmung zu erfüllen und sich in den
Dienst der Erbauung des Reiches zu stellen, in dem Gott verherrlicht

22 Yehezkel Dror: Ist die Erde noch regierbar? Ein Bericht an den Club of Rome,
   München 1995, S. 170.

wird, dem „Reich der Wahrheit und des Lebens, der Heiligkeit und der Gnade, der Gerechtigkeit, der Liebe und des Friedens", dem Reich der Freiheit von Sünde und Tod; oder sich sich diesem Dienst zu entziehen und damit das Reich des Bösen zu stärken, des Widersachers des Guten. Dem kostbaren Erbstück der Gottesebenbildlichkeit verdankt der Mensch die Freiheit, als „Herr seiner Entscheidung" (Sir 15, 14) zwischen dem Guten und dem Bösen zu wählen. Seine sittliche Würde besteht darin, von seiner Freiheit den rechten Gebrauch zu machen, in Verantwortung vor sich selbst und seinem Gewissen, vor den Gemeinschaften, in denen er lebt, und zuletzt vor Gott. Die Kirche hilft ihm, diese Verantwortung zu tragen, sie verkündet das Evangelium von der Ankunft und Ausbreitung des Reiches Gottes auf Erden und von der rechten Ordnung der Gesellschaft und des Staates nach dem Heilsplan der Frohbotschaft („ad legis evangelicae normam perficiendo". QA). Es sind Kundgebungen, deren Sinn ewig gültig bleibt, auch wenn sich die Formulierungen wandeln und dem Verständnis der jeweiligen Zeit und der Hörer angepaßt werden mögen. Zumindest lohnt es sich, auch für den Nichtgläubigen, das Wort der Kirche zu hören, ihre Dokumente genauestens zu lesen und ihre Urteile sorgsam abzuwägen. Es sind Weltdokumente, die den Blick weit über die Kirchtumspitze und die Niederungen der Tagespolitik erheben, ohne ihn von der Realität wegzuführen. Im Gegenteil, Durchblick und Urteilskraft werden gestärkt. Freiheit läßt sich nur bewahren durch die Wahrheit. Das lehrte uns ja schon die Antike: Nur ein Weiser, der in der Wahrheit lebt, ist frei.[23] Freiheit, die den Bezug zur Wahrheit und Weisheit verliert, wird zur Lüge und Torheit. Wo die Lüge regiert, herrscht der Terror. Hegel nennt „die Religion das Bewußtsein der absoluten Wahrheit" (Enzyklopädie, § 552). Ohne Religion ist kein Staat zu machen, dessen Fundament Wahrheit, Gerechtigkeit und Freiheit ist. Religion, so Hegel, ist „die Basis der Sittlichkeit und des Staates": Der Staat ist seiner Idee nach „Verwirklichung der Sittlichkeit", „die Substantialität der Sittlichkeit selbst und des Staates (aber ist) die Religion" (ebenda). „Von

---

23 Vgl. Leo XIII.: Libertas, praestantissimum, Rom 1988, in: Utz / Galen (FN 6), n. 45.

der Religion, mit der Gott verehrt wird, hängt das Wohl des Staates ab", gibt Leo XIII. zu bedenken.[24] Wenn Europa das nicht mehr begreift, stirbt es an Immunschwäche (Bischof Krenn). Heute ist nichts notwendiger, als daß die Soldaten Christi die Waffen des Geistes ergreifen zu kompromißlosem Kampf gegen die Lüge, die Lauheit und die Verwirrung nicht bloß in Glaubenssachen und der Moral, sondern auch in den Auffassungen über Gesellschaft und Staat. Nur als Bannerträger der Wahrheit und der „gesunden Lehre" (1 Tim 1, 10) lohnt es sich zu leben.

---

24 Leo XIII.: Immortale Dei, Rom 1885, in: Utz / Galen (FN 6), n. 31.

Thomas Mann und die Demokratie

Martin Walsers Friedenspreisrede

Die künstliche Empörung über den von Martin Walser in seiner Friedenspreisrede 1998 erhobenen Vorwurf, mit der Dauerpräsentation von Auschwitz erfolge eine „Instrumentalisierung unserer Schande zu gegenwärtigen Zwecken",[1] ließ eine Passage seiner Rede ganz untergehen, die an sich noch viel mehr Grund zur Aufregung geboten hätte. Wir meinen Walsers verschlüsselte Fundamentalkritik an unserer, heute als Religionsersatz dienenden Demokratieverehrung. Er berief sich hierzu auf Thomas Mann, der, so Walser, die Demokratie abgelehnt habe, sei sie doch bei uns „landfremd, ein Übersetztes, das... niemals deutsches Leben und deutsche Wahrheit werden kann... Politik..., Demokratie ist an und für sich etwas Undeutsches, Widerdeutsches." Und, damit ja keine Mißverständnisse aufgrund von späteren politischen Äußerungen jenes berühmten deutschen Schriftstellers entstehen und ihn als Verfechter der Demokratie ausweisen könnten, setzte Walser noch nach: Wie Thomas Mann „wirklich dachte und empfand, seine Moralität also, teilt sich in seinen Romanen und Erzählungen unwillkürlich und vertrauenswürdiger mit (Walser führt die „Buddenbrooks" und den „Zauberberg" an) als in den Texten, in denen er politisch-moralisch... das Gefühl hatte, sich rechtfertigen zu müssen".

Walsers absichtsvolle Zitierung dieser Stelle ist Teil der Geheimsprache, die die Gebildeten verwenden, um in dem von den politisch Korrekten geschaffenen Klima der Denk- und Frageverbote sich untereinander geistig zu verständigen und „die Profanen gleichzeitig auszuschließen" (Novalis, Fragmente). Der langanhaltende Beifall, mit der die Rede Walsers gefeiert wurde, läßt darauf schließen, daß der Groß-

---

1 M. Walser: Die Banalität des Guten. Erfahrungen beim Verfassen einer Sonntagsrede aus Anlaß der Verleihung des Friedenspreises des Deutschen Buchhandels, in: Mitteilungen der Gesellschaft für Kulturwissenschaft, Sonderausgabe, Bietigheim – Baden, Dezember 1998, S. 16ff; Nachdruck aus FAZ, 12. Oktober 1998, Nr. 236, S. 15.

teil jener Crème de la Crème des deutschen Bürgertums, das in der Paulskirche versammelt war, Walsers Sprache zu entschlüsseln verstand. Auf der anderen Seite deuten die unterbliebenen Reaktionen der politisch Korrekten auf die Demokratiekritik Walsers darauf hin, daß es ihnen entweder die Rede verschlagen hat oder sie es vorzogen, zu schweigen anstatt eine Debatte über deutsches Wesen loszutreten, die nur mit ihrer Niederlage hätte enden können.

Betrachtungen eines Unpolitischen

Wie begründet Thomas Mann seine, von Walser zitierte, überaus scharfe Ablehnung von Demokratie und Politik als „undeutsch", „widerdeutsch", „landfremd", als „im Widerspruch zu deutschem Wesen und deutscher Wahrheit stehend", als ein „Übersetztes" oder „Aufgesetztes" und damit Oktroyiertes?

Die zitierten Sätze finden sich in den „Betrachtungen eines Unpolitischen",[2] die Thomas Mann im Ersten Weltkrieg angestellt und etwa um die Zeit abgeschlossen hatte, als die deutsch-russischen Friedensverhandlungen in Brest-Litowsk begannen. Sie sind also noch nicht vom Makel der bitteren Niederlage tingiert, die Mann jedoch näher kommen sah. Der umfangreiche, rund 600 Seiten umfassende Essay wird, während sein Autor ihn verfaßte, zum tragischen Zeugnis eines Schriftstellers, der mit allen Fasern seines Herzens und seines Geistes in den Schicksalskampf, den sein Volk führte, verwoben war. Thomas Mann wußte ganz genau, daß es in diesem Weltkrieg um die Existenz des Deutschtums ging, von der seine eigene Existenz als Schriftsteller abhing, denn ohne die Zugehörigkeit zu seinem Volk, so seine Überzeugung, kann der Mensch nicht leben, nur vegetieren. Dreißig Jahre später, in der Emigration, erfuhr Thomas Mann – wie so viele andere Emigranten – die schmerzliche Bestätigung seiner Überzeugung: Nie wurde er in den USA heimisch, sogar dort wurde er verdächtigt und

---

2 Zitate und Seitenzahlen nach Thomas Mann: Betrachtungen eines Unpolitischen, Frankfurt / M. 1985.

verfolgt. Heimatlos geworden, zuletzt auch geistig irrlichternd zwischen den Fronten, ist er am Schicksal Deutschlands zerbrochen.

Die Zivilisationsliteraten

Der Deutsche, so die These von Thomas Mann, will von Politik nichts wissen. Sie ist etwas für Zeitungsschreiber, „Zivilisationsliteraten", für die „Stutzer und Zeitkorrekten", etwas für diese „Kleinen, Nichtigen, Spürnäsigen, die davon leben, daß sie Bescheid wissen", immer bereit zum Urteil „nach neuestem Schnitt und à la mode". Für sie ist „‚Geist' ein Ding zwischen Jakobinerklub und Grandorient". Diese „Glücksphilanthropen", „Weltbeglücker", „Weltbefreier", „Weltverbesserer" stehen mit ihrer „bösartig schmelzende Rhetorik" ganz im Dienst der „Menschheit", der „Humanität", der „Freiheit", der „Demokratie", der „Tugend", der „Vernunft", der „Gerechtigkeit", des „Fortschritts" und all der hohlen Worte, die man heute „nicht mehr ohne Ekel hören" kann, denn sie beinhalten nichts anderes als „salbungsvollen Volksbetrug". „Ich verachte dieses Bedienten- und Läufergeschmeiß redlich", sie sind „Feinde in den eigenen Mauern", denn sie wünschen sich ja nichts sehnlicher als die Niederlage Deutschlands, sie sind „Verräter aus Edelmut". Ihr Ziel ist „die demokratische Zivilisationsgesellschaft der ‚Menschheit', la république sociale, démocratique et universelle, the empire of human civilization". Die „Zivilisationsliteraten sind Verbündete und Förderer der Weltdemokratie". Nur den Feinden Deutschlands schwebt dieses Trugbild vor, „denn soviel ist sicher, daß bei einem Zusammenschluß der nationalen Demokratien zu einer europäischen, einer Weltdemokratie, von deutschem Wesen nichts übrigbleiben würde,... der deutsche Geist würde aufgehen und verschwinden darin, er wäre ausgetilgt, es gäbe ihn nicht mehr" (S. 39).

Das „protestierende Reich"

Deutschland hat sich von diesem „Tiefengeschwätz" über Menschheit, Humanität, Menschenrechte, Weltdemokratie nicht irritieren lassen, sondern ist dagegen aufgestanden, es war immer schon „das protestierende Reich". Armin protestiert gegen das imperiale Rom, der Protestantismus gegen das katholische Rom, Deutschland führte den Kampf gegen die Französische Revolution und gegen den internationalistischen Sozialismus an, es wendet sich gegen die universale Vereinigung der Menschheit. Es geht in der Romantik in Stellung gegen den Geist des Westens und seine Zivilisation. Abscheu und Protest vor diesem Geist sind Wirkung des nationalen Wesens der Deutschen. Für sie eben ist Geist *nicht* Politik. Der Unterschied von Geist und Politik enthält den von Kultur und Zivilisation, Seele und Gesellschaft, Freiheit und Stimmrecht, Kunst und Literatur. „Deutschtum, das ist Kultur, Seele, Freiheit, Kunst und nicht Zivilisation, Gesellschaft, Stimmrecht, Literatur." Nietzsche notiert: „Meistersinger, Gegensatz zur Zivilisation, das Deutsche gegen das Französische." Hier leuchtet im Blitzschein einer Sekunde der ganze Gegensatz auf, um den es hier geht, „der aus Feigheit viel verleugnete Gegensatz von Musik und Politik, Deutschtum und Zivilisation". „Frankreich mit seinen Logen ist Pflanzstätte und Nährboden für den geistigen Haß auf Deutschland und deutsches Wesen." „Deutschlands Feind im geistigsten, giftigsten, tödlichsten Sinne ist der ‚pazifistische', ‚tugendhafte', ‚republikanische' Rhetor-Bourgeois und fils de la Révolution." Für ihn sind Politik, Demokratie, Zivilisation, Literatur identische Begriffe.

Rousseau: Vater der totalitären Demokratie

Alles, was man heute im geistigen Sinne Politik nennt, geht seit mehr als zweihundert Jahren auf Jean-Jacques Rousseau zurück: Er ist der Vater der Demokratie, indem er der Vater des politischen Geistes selbst ist. Ist man Politiker, so ist man Demokrat. Im Dienst von Politik und Demokratie steht die Literatur. Sie hat politisch „aufzuklären", für „die Menschheit" als „humanitären Internationalismus" einzutreten, „die Welt zu verbessern", zu „befreien" und zu „beglücken", „entschlossen für Menschenliebe" zu kämpfen. Dieser politische Geist ist, als Geist, widerdeutscher Geist und, als Politik, mit logischer Notwendigkeit, deutschfeindliche Politik (S. 29). Demokratie und Politik sind „dem deutschen Wesen fremd und giftig" (S. 30). „Ich bekenne mich tief davon überzeugt, daß das deutsche Volk die Demokratie niemals wird lieben können, aus dem einfachen Grunde, weil es die Politik selbst nicht lieben kann, und daß der viel verschrieene ‚Obrigkeitsstaat' die dem deutschen Volke angemessene, zukömmliche und von ihm auch gewollte Staatsform ist und bleibt" (S. 30). Der Staat soll funktionieren wie eine gut konstruierte und gewartete Maschine. Dafür zu sorgen, ist Sache der damit Betrauten, der sorgfältig ausgewählten, gebildeten und bewährten, beamteten Diener des Staates. Der Deutsche will nicht Politik, sondern Sachlichkeit, Ordnung, Anstand. Politik macht roh, pöbelhaft, stupid. Neid, Frechheit, Begehrlichkeit ist alles, was sie hervorbringt. Der politische Geist ist ein für Deutschland landfremder und unmöglicher Geist. Politischer Geist ist Umfälschung des Geistesbegriffs in den der besserischen Aufklärung, der revolutionären Philanthropie, er ist Gift und Droge zugleich.

Schopenhauer, Wagner und Nietzsche

In seiner Haltung zur Demokratie beruft sich Thomas Mann vor allem auf drei Gewährsmänner, die nicht bloß seine eigene Bildung wesentlich beeinflußt haben, sondern die für ihn auch ganz vorzügliche Repräsentanten des deutschen Geistes sind: Arthur Schopenhauer, Richard Wagner und Friedrich Nietzsche.

Schopenhauer sieht mit Freuden von seiner Wohnung aus zu, wie österreichische Kürassiere 1848 die „Freiheitskämpfer" auf den Barrikaden niederkartätschen. Den invaliden Soldaten des Königs, die die Revolution niederschlugen, und den Hinterbliebenen von Gefallenen vermacht er testamentarisch sein ganzes, gar nicht unbeträchtliches Vermögen. Nichts hatte Schopenhauer, so berichtet Thomas Mann, übrig für die künstlich gemachten, widernatürlichen Republiken, die das Ende aller Festigkeit und Sicherheit bedeuten und zur Anarchie tendieren. Vernünfteleien können nie die Landesreligion ersetzen, auf der alles Vertrauen und alle Sittlichkeit beruht, und erst recht nicht die aus den Umständen und der Weisheit des Lebens gewachsenen Institutionen. Wo immer man es versuchte, wurde aus Recht Unrecht, aus Tugend Terror. Die Monarchie ist die einzig natürliche Staatsform, denn das Volk ist ein unmündiger Souverän, der nie und nimmer seine Rechte selbst verwalten kann, ohne grenzenlose Gefahren heraufzuführen. Nur allzuleicht wird es, wie alle Unmündigen, das Opfer von hinterlistigen Gaunern und Demagogen. Jede mit Gefahr verknüpfte Unternehmung, jeder Heereszug, jedes Schiff kann nur einem Befehlshaber gehorchen. Für die Aufrechterhaltung von Gesetz, Ordnung, Ruhe und Frieden bedarf es einer Gewalt, die selbst über Gesetz und Recht steht und vor der die querköpfige, egoistische, boshafte, neidische, ungerechte, das Recht, wenn sie es könnte, mit Füßen tretende und dabei auch noch geistig beschränkte Masse sich beugt. Schopenhauer trat für die Wiederherstellung der von Deutschlands Erzfeind Napoléon aufgehobenen deutschen Kaiserwürde ein, weil an ihr die deutsche Einheit hänge und ohne sie diese Einheit ständig in Gefahr sei.

Ganz ähnlich auch die Ansicht Richard Wagners. Kurz nach dem politischen Trubel der Maitage des Jahres 1848 hielt er eine äußerst kritische Rede zur Revolution, in der er sich als glühender Anhänger des Königtums und als Verächter des Konstitutionalismus bekannte. Er beschwor seine Landsleute, „die fremdartigen, undeutschen Begriffe" samt dem ganzen Demokratismus zum Teufel zu jagen und das einzig „heilwirkende", altgermanische Verhältnis zwischen dem absoluten König und dem freien Volk wiederherzustellen, denn im absoluten König werde der Begriff der Freiheit zum höchsten, gotterfüllten Bewußtsein erhöht. Frei ist ein Volk nur wenn *einer* herrscht, nicht wenn viele herrschen. „Demokratie ist in Deutschland ein durchaus übersetztes Wesen. Sie existiert nur in der Presse."

Nicht anders Friedrich Nietzsche, „dieser größte Schicksalsgeist des neuen Deutschlands". Er verabscheut zutiefst „den ganzen parlamentarischen Blödsinn", die inkompetente „Mitsprecherei von Jedermann über Jegliches", die „Unruhe, Leere und lärmenden Zankteufeleien des ewigen Politisierens". Er hoffte, „daß sich der Zahlenblödsinn und der Aberglaube an Majoritäten in Deutschland nicht festsetze". Seine einschlägigen Schriften sind ein einziger Protest gegen die Entnationalisierung, Internationalisierung und Demokratisierung Deutschlands.

Thomas Mann kann es den Großen dieses Volkes „nur aus tiefster, eigener Überzeugung nachsprechen, daß die Demokratie im westlichen Sinne und Geschmack bei uns landfremd ist… und niemals deutsches Leben und deutsche Wahrheit werden kann" (S. 276f). „Fort also mit dem landfremden und abstoßenden Schlagwort ‚demokratisch'. Nie wird der mechanisch-demokratische Staat des Westens bei uns Heimatrecht erlangen!" (S. 278). Nichts hält der Deutsche von „den generösen Zauber- und Schwindelworten" wie Menschheit, Freiheit, Gleichheit, Revolution, Fortschritt. Deutschland als Republik, als Tugend-Staat mit Gesellschaftsvertrag, demokratischer Volksregierung, dem vollständigen Aufgehen des Individuums in der volonté générale, die Verstaatlichung und Sozialisierung des Individuums – das wäre das Ende.

Der deutsche „Volksstaat"

Thomas Mann wünscht sich den „Volksstaat". Er darf keinesfalls mit Demokratie verwechselt werden, denn das Volk ist nicht demokratisch, sondern aristokratisch. Demokratisch ist die Masse. Masse ist ein quantitativer Begriff, Volk ein qualitativer. In der Demokratie werden die Stimmen gezählt, im Volk gewogen. Das allgemeine und „gleiche Stimmrecht ist die schlichteste, plumpeste und primitivste Art von Gerechtigkeit, jene, die ohne viel Federlesens allen das Gleiche gibt". „Für mich besteht kein Zweifel, daß gerade in einem differenzierten Volk mit großen geistigen Abständen ein mit Weisheit geregeltes Mehrstimmrecht, welches nach Verdienst, Alter, Bildungsgrad, geistigem Range fragte, auch Bedacht darauf nähme, ob einer Söhne hat und also an der Gestaltung des Staates einen nicht nur egoistisch-persönlichen, sondern weiterschauenden Anteil nimmt, – daß ein solches Stimmrecht viel gerechter sein könnte, als das gleiche."

Das Volk – ein Organismus, kein Haufen

Das Volk besteht nicht aus Wählern, nicht aus Individual-Atomen wie die Masse oder der Haufen, sondern aus ganz verschiedenen, ungleichen Gliedern, es ist ein „Organismus", und der ist mehr als die Summe seiner Teile. Dieses Mehr eben ist Geist, ist Leben, Entfaltung, Mannigfaltigkeit, Reichtum an Individualität. Der deutsche Freiheitsbegriff war immer sittlich-geistiger Art, er brachte ganz andere Institutionen hervor als abstrakt-kahle „Menschenrechte". Er will den Menschen über sich hinausheben: „Der Mensch ist ja nicht nur ein soziales, sondern auch ein metaphysisches Wesen; der Deutsche zuerst." Darum seine Hochschätzung von Religion, Wissenschaft und Kunst im Dienst an der Wahrheit und Schönheit. Der Deutsche geht auf im „selbstlosen Dienst am Ethos". Das färbt auf seine Staatsauffassung ab. Für ihn hat auch der Staat metaphysische Würde und Bedeutung: Er ist als überindividuelle Gemeinschaft Hüter der historischen Tradition des Volkes, Erlebnishort ihrer Entwicklung. Ehrfurcht vor der Tradition ist Inbegriff echter Bildung und Erziehung.

Der Deutsche ist konservativ

Der Deutsche ist seinem ganzen Wesen nach konservativ, ja konservativ sein heißt für ihn „Deutschland deutsch erhalten wollen" (S. 262). Konservativ und national ist ein und dasselbe – so wahr wie demokratisch und international ein und dasselbe ist. Nationaldemokratisch ist darum ein Widerspruch in sich: Demokratie ist nimmermehr national und kann es nicht sein, ihre gesamte geistige Überlieferung, ihr abstrakter Begriff des Menschentums straft sie Lügen. Die Vermengung der demokratischen mit der nationalen Idee ist eine „intellektuelle Unreinlichkeit". Wenn die Demokratisierer sich für national erklären, beruht dies entweder auf Unwissenheit oder es ist Taktik und Heuchelei. Die Bejahung des Nationalen schließt die Verneinung der Demokratie ein, „der Ruf nach Demokratisierung Deutschlands ist der Ruf nach Zersetzung Deutschlands" (S. 264), die Demokratisierung Deutschlands führt zur „Entdeutschung" (S. 273). Sie führt gerade nicht zu einem „Inniger-, Echter- und Vertraulicherwerden des Verhältnisses zwischen Staat und Nation". Die Republikanisierung der Nation bringt Verengung, Verarmung, Nivellierung, Verdummung und zuletzt Verstaatlichung und Sozialisierung des Individuums. Nichts ist widerdeutscher. Der deutsche Idealismus, der das Volk als metaphysische Entität entdeckt hat, verbindet das Soziale mit dem Sittlichen. Der nationale, ethische Sozialismus der Deutschen ist etwas ganz anderes als der internationalistische „menschrechtlerische-marxistische Sozialismus", der zur Knechtung des Individuums durch den Staat führt. Das Volk besteht nicht aus einzelnen Individuen, ja die Individuen als solche, das heißt als Egoismen, stehen häufig genug im Gegensatz zum Volk. Das Volk spricht erst dann, „wenn das Bewußtsein der allen Einzelnen gemeinsamen Grund- und Stammnatur wach und sich über die großen Tatsachen der Geschichte klar wird". Es spricht dann durch seine „Großen", seine Staatsmänner, Religionsführer, Künstler und Philosophen, und es denkt dann als „Ganzes über das Ganze", über sein Schicksal und seinen Auftrag. Nicht in Wahlen, Volksbefragungen oder parlamentarischen Abstimmungen, sondern in den großen Momenten seiner Geschichte und Schicksalsprüfungen kommt die „Volkheit" zu Worte (und „ich freue mich, diesen sehr passenden, aber vergessenen Ausdruck Goethes zu benutzen") und „macht dem Reden und Stimmen machtloser Parlamente ein Ende".

Wider die „Große Lüge"

Die „Betrachtungen" von Thomas Mann ersetzen ganze Bibliotheken an moderner politologischer Literatur, die ja in erster Linie der Demokratielegitimierung und zur Verbreitung der „Großen Lüge" dient, Demokratie bedeute „Herrschaft des Volkes". Mit Recht meinte dazu der wohl berühmteste österreichisch-englische Philosoph, Sir Karl R. Popper: „Das Volk hat noch in keinem Sinne je geherrscht."[3] Heute dient Demokratie samt Menschenrechtsforderungen in erster Linie der Sicherung des Weltherrschaftsanspruchs der USA, der Legitimierung von Interventionen in die inneren Angelegenheiten anderer Staaten, der Aufhebung ihrer Grenzen, dem Abbau ihrer Souveränitätsrechte und der Auslöschung der nationalen Kulturen zugunsten jener westlichen Zivilisation und „Wertegemeinschaft", die mit ihren oft genug gewaltsamen Interventionen die Freiheit ganzer Völker und Staaten mit Füßen tritt. Tröstlich, wenn es heute noch deutsche Künstler, Dichter und Denker gibt, die sich dagegen wehren, „mit vorgehaltener Moralpistole in den Meinungsdienst genötigt zu werden" (Martin Walser), um am „ständigen Fortbringen, Abservieren und Auslöschen des Hergebrachten" (Botho Strauß[4]) auch noch mitzuwir-

---

3 K. R. Popper: Die offene Gesellschaft und ihre Feinde (aus dem Englischen ins Deutsche übers. v. P. K. Feyerabend), 2 Bde., Bern 1957–58, Bd. 1, S. 175.
4 B. Strauß: Anschwellender Bocksgesang, in: Der Spiegel, H. 6, Hamburg 1993, S. 203.

ken. Anders als die „Zivilisationsliteraten" stehen und wirken sie in der Tradition von Thomas Mann, ihrem Bruder im Geiste, dessen Manen sie sich verpflichtet wissen.

Gemeinwohl und Gerechtigkeit
– Illusion oder Realität?

Die Nationalökonomie, so legte es sich der Autor bei Beginn seines Studiums zurecht, diene auf ihre Weise dem Gemeinwohl durch die Erforschung von Bedingungen und Maßnahmen zur Erhöhung der Produktivität der Wirtschaft eines Volkes oder zur Festigung seiner Gemeinschaft durch die Mittel der Wirtschafts- und Sozialpolitik. Sehr früh wurde er aus dieser idealistischen Traumwelt durch eine Bemerkung des Sprechers der Vereinigung österreichischer Industrieller herausgerissen, die Vorstellung eines die Interessen sozialer Gruppen überwölbenden und verpflichtenden Gemeinwohls sei Illusion. Was mit diesem euphemistischen Wort bezeichnet werde, sei eine sich ständig verändernde Resultante des täglichen Kampfes von Interessengruppen, bei dem einmal diese, ein andermal jene Gruppierung ihre Interessen in größerem Ausmaß als die andere durchsetzen könne. Zum „struggle of life" hätte Darwin mehr zu sagen als die ganze Volkswirtschaftslehre. Untermauert und in gewissem Maße wissenschaftlich nobilitiert wurde diese Aussage nur wenig später durch die von einem der damals am meisten gefeierten Nationalökonomen der USA, J. K. Galbraith, formulierte Theorie von den „countervailing powers", die sich gegenseitig in Schach hielten und so dafür sorgten, daß auf dem Weg des Fortschritts keine allzugroßen Abweichungen vom Gleichgewichtspfad einträten.

Etwa zur gleichen Zeit hatte der Studiosus Gelegenheit, im Haus des Österreichischen Gewerkschaftsbundes dem brillanten Vortrag von Hans Kelsen, dem international wohl berühmtesten österreichischen Verfassungsjuristen, zu lauschen, der dem zahlreichen Generationen von Staatswissenschaftern so vertrauten Begriff der Gerechtigkeit keine für Recht und Rechtswissenschaft inhaltliche Bedeutung zuzuordnen vermochte. Er war sich darin mit Friedrich A. von Hayek einig, der in einem Vortrag im Österreichischen Gewerbeverein den platonisch-aristotelischen Gedanken vom Staat als Inbegriff der Gerechtigkeit arg zerzauste und mit Hohn und Spott übergoß. Im Sozial- und Wohlfahrtsstaat, der sich um die soziale Gerechtigkeit bemüht, sah v. Hayek die

Wurzel aller Totalitarismen, den Anfang der „Road to Serfdom". Der Mißbrauch, der schon damals mit dem Begriff der sozialen Gerechtigkeit getrieben wurde, um jede nur denkbare Umverteilung von Einkommen und Vermögen zu begründen, verlieh sowohl der Argumentation Hayeks wie jener Kelsens in den Augen des ernüchterten Studenten beträchtliches Gewicht.

Streben nach Reichtum?

Durch solche, aus klaren Voraussetzungen und Begriffen streng logisch abgeleitete Urteile hochangesehener Wissenschafter und Interessenvertreter sah sich der Student, der von der Nützlichkeit wirtschafts- und sozialpolitischer Maßnahmen für das Wohl von Volk und Bürgern noch irgendwie überzeugt war, jedenfalls herausgefordert. Den Gegenstand seines Faches, das zu jener Zeit noch mit Nationalökonomie oder Volkswirtschaftslehre bezeichnet wurde, glaubte er ganz unbefangen und unreflektiert mit dem von ihm so hochverehrten Klassiker Adam Smith als „An Inquiry into the Nature and Causes of the Wealth of Nations" umschreiben zu können. Diese Unbefangenheit des Studiosus wurde durch die Ablehnung solcher Grundbegriffe wie Gemeinwohl oder Gerechtigkeit durch die angeführten Koryphäen schwer erschüttert. In der Folge mußte er zur Kenntnis nehmen, daß selbst der Begriff „Nation" oder gar der des „Volkes" fragwürdig und suspekt wurde und man zur Bezeichnung des Faches vermehrt „Politische Ökonomie" oder „Sozialökonomie" vorzuziehen begann. „Volk" wurde durch „Gesellschaft" ersetzt. Sogar die Rede von der „Nature", dem „Wesen", wurde nach und nach als nicht mehr zeitgemäß empfunden: Wer sich mit solchen Dingen befaßte, dem wurde und wird im Gefolge von Karl R. Popper vorgeworfen, Anhänger des aristotelischen „Essentialismus" zu sein oder gar mit J. G. Fichte zu glauben, „Begriffe sind Weltenschöpfer" und nicht bloß konventionelle Namen oder „Etiketten", die einer Summe von Merkmalen nachträglich umgehängt werden. Wer sich um Grundbegriffe kümmert, der wird inzwischen verdächtigt, seine Zeit mit Begriffsspielereien zu vergeuden. Es ist auf diese, vom „mainstream" geübte Begriffs(un)kultur zurückzuführen, daß wir heute nicht einmal mehr angeben können, was denn eigentlich unter „Reichtum" zu verstehen ist. Wenn heute zum Reichtum nicht nur die Fülle und Verteilung äußerer Güter gezählt werden, sondern Freizeit und Muße, Gesundheit, saubere Luft und frisches Wasser, aber auch die Lebenschancen künftiger Generationen (Stichwort „sustainable economy"), so deutet das nicht nur auf die Verschiebung der Maßstäbe hin, vielmehr geraten herkömmliche, allzu enge Sichtweisen und Methoden ins Schußfeld immer heftiger werdender Kritik, die die Chaotisierung des Faches („anything goes") fördert. Weil wir Nationalökonomen aber nicht mehr genau wissen, was eigentlich Reichtum ist, so können wir naturgemäß auch keine Ursachen oder „Causes" erforschen und angeben, durch die er entsteht. Mit anderen Worten: Der Gegenstand des Faches hat sich während der Studien- und Lehrtätigkeit des späteren Dozenten zunehmend verflüchtigt. Was noch übereinstimmend gelehrt wird und wovon die mikro- und makroökonomischen Lehrbücher voll sind, das sind vornehmlich Regeln und Techniken des ökonomischen Kalküls von pleasure and pain, Nutzen und Aufwand, Kosten und Ertrag. Die Theorie besteht heute im wesentlichen aus einer Psychologie des Nutzens, der Erklärung mechanistischer Marktmodelle und der Rechtfertigung des Liberalkapitalismus in der Politik. Die altchinesische „Große Lehre", wonach Ordnung und Gedeihen in Haus, Land und Reich von der Erforschung des Wesens der Dinge abhängen, hat unter den Mainstream-Ökonomen und Modellschreinern kaum Anhänger.

Angesichts dieser Situation lohnt es sich, die Frage nach dem Gemeinwohl in Verbindung mit der Gerechtigkeit aufs neue zu stellen und zu überdenken. Immerhin handelt es sich ja hier um einen Zentralbegriff nicht nur der Nationalökonomie, sondern jeder Gesellschaftslehre und vor allem natürlich der Politik. Denn was sollte wohlverstandene Politik anderes sein als die „Sorge um Gemeinwohl und Gerechtigkeit"?

Weise Verwaltung?

Wie so viele Termini der verschiedensten Wissenschaften, verdankt auch die „Ökonomie" ihren Namen griechischem Ursprung. Er besteht aus zwei Wortstämmen, „nomos" und „oikos". „Nomos" bedeutet

Norm, Sitte, Gesetz, Recht, Anordnung, Dekret, Urkunde, Dokument, Testament, Disposition, Einrichtung, Verwaltung. „Oikos" bezeichnet zunächst wohl das Haus, aber auch die gestaltete und vertraute Umgebung, die „Heimat", das Land, die Stadt, ja sogar den ganzen wohlgeordneten Kosmos von Welt und Himmel. Die „Oikonomia" ist darum nicht nur die Lehre von der guten Verwaltung des Hauses, sondern sie bezeichnet auch die tätige Sorge der Vollbürger (der „Polites") um das Wohl von Stadt und Land, und schließlich trägt sogar Zeus den Beinamen eines „oikonomos", dem die Zuständigkeit für die Himmelsökonomie und den ganzen Kosmos zufällt (vgl. Wagner, S. 59ff). Die Entsprechung von Mikro- und Makrokosmos gehört zum Selbstverständnis der Griechen, die im Kleinen wie im Großen den Willen der Götter zu erfüllen trachten: Der Wille der Götter geschehe „wie im Himmel so auf Erden". Alles andere, Verweigerung und Auflehnung, führt zu Störung, Mißernte, Krise, Niederlage, Unheil und Untergang. Gutes, tugendhaftes Leben ist gebunden an die Erfüllung des göttlichen Willens (vgl. W. F. Otto, S. 25 u. ö.). Er ist das Gesetz, wer es bricht, gleichgültig, ob ein einzelner, eine Stadt, ein Land, den strafen die Götter und verfolgen die Erinnyen. Für den Frevel des Paris büßen sein Geschlecht, ja das ganze Volk von Troja mit der Zerstörung ihrer Stadt und ihrem Untergang. Vom Segen der Götter hängt das Wohlergehen der Gesellschaft ab, daher sind alle Bürger zum tugendhaften, gotterfüllten Leben verpflichtet. Ihr Eigenwohl, das gute Leben, können sie nicht außerhalb des Gemeinwohls der Polis finden. Daher hat das Gemeinwohl den Vorrang vor dem Einzelwohl, die Gemeinschaft vor dem einzelnen so wie „das Ganze vor dem Teil" (Aristoteles: Politik I, 1, § 11). Individuelle Freiheit hat, abgesehen von ein paar Sophisten, für die Griechen keine Bedeutung, auch nicht in der Spätzeit, in der die Götter entschwinden. Mit dem Verblassen der Götter tritt an die Stelle ihres Willens die göttliche Weltvernunft (nous, logos), die alles Sein durchwaltet und mit der sich zu erfüllen die Aufgabe (Bestimmung) des Menschen (Streben nach Weisheit) und der Polis (Staat, Stadt, Gemeinschaft, Gesellschaft) ist. Nur wenn die Weisheit und die mit ihr Erfüllten regieren, können Übel (Ungerechtigkeit, Streit, Spaltung, Krieg) ferngehalten und Wohlergehen (Friede, Sicherheit, gerechte Ordnung) erreicht und gesichert werden (Platon: Staat 473 d). Die Ver-

wandtschaft der griechischen Lebens- und Gesellschaftsanschauung
mit jener des späteren Christentums macht einsichtig, weshalb gerade
unter den Griechen die Missionstätigkeit der Apostel zahlreiche christliche Gemeinden stiften konnte, aus denen dann wieder bedeutende
Kirchenväter hervorgingen. Ganz ähnlich wie den Griechen erging es
den Römern, die im Christentum ihre Idee vom „Römischen Reich" in
der Rede vom „Reich Gottes" geheiligt wiederfanden und die christliche Religion zur Staatsreligion erhoben.

Ordo mundi

In der ägyptischen und der von ihr stark beeinflußten, für Europa so
maßgebend gewordenen jüdischen Tradition lassen sich gleichartige
Vorstellungen nachweisen. Auch in Ägypten herrschte die Überzeugung vor, „daß Gott der Welt eine Ordnung gegeben hat – in Ägypten
Ma'at geheißen –, die sowohl das umfaßt, was wir Naturordnung nennen – wie den Lauf der Gestirne, den Wechsel der Jahreszeiten, Pflan-
zen- und Tierleben, Geburt und Tod – wie auch die Sozialordnung der
Menschen, so die Beziehung der Geschlechter, die vielfältige soziale
Ordnung eines Volkes, die Scheidung der Völker nach Hautfarbe und
Sprache, schließlich den Tempelkult und selbst die Beamtenhierarchie,
die Steuerregelung und sogar die Tischsitten" (Brunner, S. 13). Ma'at
bedeutet Ordnung, Wahrheit, Recht, Gesittung, die richtige Beziehung
in Familie, Beruf und zum König. Die Ma'at wurde der Welt bei der
Schöpfung als ordo mundi mitgegeben. Sie „verbürgt Dauer und Bestand sowohl der Welt, dem Staat und der Gesellschaft wie auch jedem
einzelnen Ägypter" (Brunner, S. 14). Sie kann erfüllt oder mißachtet
werden, doch ist es „unvernünftig zu sündigen, weil Gott es haßt und
bestraft, und zwar in dieser und in jener Welt" (ebenda). Daher sind die
Erkenntnis der Ma'at und die Erfüllung ihrer Forderungen dem Menschen als Aufgabe gestellt. Jeder Verstoß gegen die Ma'at ist ein Sakrileg, welches die Gottheit, die die Regeln gibt, schädigt. Wer die Ma'at
verletzt, unterliegt Sanktionen, die bis zur Verweigerung eines Grabes
und des Erbes für die Nachkommen oder gar zu Löschung aus dem Gedächtnis führen können, von Gerichtsstrafen ganz abgesehen. Auch das
Los des Volkes ist von der Erfüllung der Ma'at abhängig (siehe

Spruchsammlung des Anch-Scheschonki, Zeile a–k, abgedruckt bei Brunner, S. 266f).

Gottes Gesetz

Im Judentum wirken die ägyptischen Vorstellungen vom Gemeinwohl weiter, aber auch jene der Kanaanäer. Ganz eigenständig ist jedoch die Vorstellung, daß das Verhältnis des Volkes zu Gott durch einen förmlichen Vertrag bestimmt wird. Durch diesen Vertrag, den „Bundesschluß" mit Jahwe, wird das jüdische zum auserwählten Volk Gottes. Den ersten Bund (von jenem mit Noah hier abgesehen) schließt Gott mit Abraham, dessen unbedingten Gehorsam er prüft (Aufforderung zur Opferung des eigenen Sohnes Isaak) und den er, nach bestandener Probe, zum „Stammvater vieler Völker macht". „In der Folgezeit wurde Abraham zu einer Gestalt überragender Bedeutung – nämlich als derjenige, der den Ruf Gottes empfangen und mit totaler Unterwerfung erwidert hatte… Daher interpretiert man sein ganzes Leben als Verwirklichung der Prinzipien, nach denen Gottes Volk leben sollte: Glaube und Gehorsam" (Grant, S. 47).

Der zweite Bund wird auf dem Berg Sinai geschlossen. Dort gibt Jahwe seinem Volk sein Gesetz, in steinerne Tafeln eingeschrieben. Für die Treue zum Gesetz verspricht Jahwe „Milch und Honig" im Land der Verheißung, reiche Frucht und Segen für das gesamte Volk. Grausam sind die Strafen, die Jahwe über sein Volk verhängt, das immer wieder die Treue bricht: Es erlebt Niederlage, Gefangenschaft, Zerstreuung in alle Welt, Schleifung seiner Tempel und Hauptstadt, und es wird selbst vom Brandopfer („Holocaust") nicht verschont. Aber noch in der Diaspora bleibt das jüdische Volk bestehen: Jahrtausende hat es keinen eigenen Staat, kein eigenes Territorium, keine eigene Sprache (hebräisch wird längst nicht von allen Juden gesprochen). Es läßt sich nicht durch rassische Merkmale bestimmen, etwa Hautfarbe und Schädelformen. Und doch bilden die Juden ein einziges Volk, ja sie sind das Volk katexochen. Sie zeigen uns, was ein Volk zum Volk macht: das Gesetz Gottes. Durch die Verbindung mit Gott, den unauflöslichen, auch von Gott trotz aller Treubrüche nicht kündbaren Bund, werden die Juden „zu einem Königreich von Priestern und einem heiligen Volk" (Ex 19, 6). Zu einem Volk, das noch in seinen Brandopfern die Größe Gottes bezeugen sollte. Es steht ganz unter dem göttlichen Gesetz, „die Bundestreue (*hesed*)... gilt als die oberste, unverzichtbare Tugend" (Grant, S. 69. In säkularisierter Form wird die Vertragstreue – pacta sunt servanda – zu einem ethischen Haupt- und Gestaltungsprinzip des gesamten internationalen und bürgerlich-privaten Lebens). Jeder Angehörige des Volkes ist verpflichtet, die Zehn Gebote zu erfüllen, nämlich die rechte Gottesverehrung, die Ehrung von Vater und Mutter, den Verzicht auf Mord, Ehebruch, Diebstahl, falsches Zeugnis und auf das Begehren nach Haus, Hof und Gut des Nächsten. Die Einheit und das Wohl („Gemeinwohl") des jüdischen Volkes beruhen auf dem unbedingten Gehorsam gegenüber dem Willen Gottes, auf der unverbrüchlichen Treue Israels zum Bund mit Gott und auf der Erfüllung der von Gott allen gemeinschaftlich gegebenen Gesetze (Gebote und Verbote). Durch Jahwes Weisheit regieren die Könige, herrschen die Fürsten und verordnen die Mächtigen Gerechtigkeit (vgl. Spr 8, 15–16).

Die Frohbotschaft vom Reich

Der von den Juden auf ihrem Leidensweg sehnsüchtig erwartete Messias, der ihnen das end- und letztgültige Recht (hebr. „mispat": Recht, Gerechtigkeit, Gesetz, Gericht, „the God-given norm to ensure a well ordered society" P. Uys lt. Ratzinger, S. 5) und Heil bringen und sie in das Land der Verheißung führen soll, kommt mit Christus in die Welt. Aber die Juden, denen gegenüber er sich als Gottessohn und Heiland ausweist, vermögen ihn nicht als Messias anzuerkennen, als Gotteslästerer wird er verfolgt, verurteilt und getötet. Doch mit Geburt, Leben, Werk und Tod Christi wird ein neuer und endgültigen Gottesbund gestiftet, in dem alle Völker versammelt werden. Mit der Stiftung des Neuen Bundes nimmt die Geschichte Endzeitcharakter an, sie wird zur Heilsgeschichte. Das letzte Ziel der Welt, der Geschichte, der Gesellschaft und jedes einzelnen Menschen ist von nun an auf die Vollendung des mit Christus auf Erden angekommenen Reiches Gottes gerichtet, „das Reich der Wahrheit und des Lebens, das Reich der Heiligkeit und der Gnade, das Reich der Gerechtigkeit, der Liebe und des Friedens", wie es in der Präfation zum Christkönigsfest heißt. Es sind dies die „Güter" oder „Werte", durch die das Gemeinwohl, das bonum commune, seine letzte inhaltliche Bestimmung erhält. Nach christlichem Verständnis hat die gesamte kulturelle, soziale, politische und wirtschaftliche Tätigkeit bis zum Jüngsten Tag auf die Vollendung des Reiches Gottes gerichtet zu werden (Pius XI.: „ad legis evangelicae normam perficiendo"). Die „Evangelisierung" der Welt, die Herausbildung des göttlichen Reiches auf Erden, ist der Weg, auf dem das Heil oder das summum bonum erreicht werden kann. In diesem Kontext bedeutet „Evangelisierung", die so „weite und schwierige Welt der Politik, des Sozialen und der Wirtschaft, aber auch der Kultur, der Wissenschaften und Künste, des internationalen Lebens und der Massenmedien, ebenso gewisse Wirklichkeiten, die der Evangelisierung offenstehen, wie Liebe, Familie, Kinder und Jugenderziehung, Berufsarbeit, Leiden usw…" so um- und auszugestalten, daß sie, „ohne etwas von ihrer menschlichen Tragweite zu verlieren und zu opfern, ihre oft verkannte transzendente Dimension offenbaren und in den Dienst der Erbauung des Reiches Gottes treten und damit in den Dienst des Heils in Jesus Christus" (Paul VI., n. 70). Das Christentum übernimmt die jüdischen Vorstellungen vom Gemeinwohl, überhöht die Bundes- und Gesetzestreue jedoch durch das Liebesgebot, auf dessen Erfüllung alles Gemeinschaftsleben in einem letzten Hinblick angewiesen ist. Gott selbst ist die Liebe, aus seiner Liebe, Gnade und Güte gehen die Schöpfung der Welt und der Mensch als „Ebenbild" hervor. Als göttliches Ebenbild ist auch der Mensch Liebe: Er existiert nur in, aus und durch Liebe. Darum sind auch alle menschlichen Schöpfungen, die Kultur, die Religion, die Philosophie, die Wissenschaft, die Kunst, Tanz, Sprache, Sittlichkeit, Tradition, Recht, Staat, Gesellschaft, Wirtschaft, Familie, Gemeinde, Heimat, Korporationen und gesellige Vereine, Schöpfungen der göttlichen Liebe, sie entstehen aus der Begeisterung für das Gute, Schöne, Wahre und Rechte, die Gott in seiner unendlichen Güte in seine Schöpfung hineingelegt und „in die Herzen der Menschen eingeschrieben" hat. Kultur entsteht nicht aus der Notdurft (A. Gehlen), aus dem Bösen, aus Unterdrückung und Ausbeutung (K. Marx), aus Eroberungen und Überlagerungen kriegerischer Reitervölker über friedliche Pflanzbauern (A. Rüstow, Bd. I: Ursprung der Herrschaft), nicht aus der Verdrängung oder Sublimierung von Trieben und Libido (S. Freud), sondern aus der Gottesliebe und der Liebe zum Nächsten, die wiederum in der Gottesliebe begründet ist. Von dieser Sicht aus wird nun auch der Satz verständlich, der in einem Brief des Kaisers Theodosius II. (408–450 n. Chr.) an Cyrillus von Alexandrien und die Metropoliten enthalten ist und auf den Leo XIII., der vielgefeierte Begründer der Katholischen Soziallehre, sich beruft: „Von der Religion, durch die Gott verehrt wird, hängt das Wohl des Staates ab" (Immortale Dei, n. 31).

Jedem das Seine

Dieser Satz bildet die zentrale Mitte aller Überlegungen kirchlicher Kreise zur Frage des Gemeinwohls und der sozialgerechten Ordnung. Aus ihm folgt in logischer Konsequenz: Schwindet die Religion, so sinkt nicht nur der „Wohl-Stand" im Staate und in der Gesellschaft, es zerreißen nicht nur die Bande der Familie und der Solidarität zwischen den Bürgern, sondern, viel schlimmer, es bildet sich heraus, was jüngst „die Kultur des Todes" genannt wurde (Joh. Paul II.: Evangelium vitae, n. 12). Sie reicht von der Zerstörung der Umwelt, von der Zubetonierung der Landschaft, von lebensfeindlichen Wolkenkratzern und Citywüsten, von künstlichen „Erlebniswelten" und Weltraumrüstung bis hin zur Flucht in den Drogenkonsum und den legalisierten Massenmord. Was sind denn auch „Staaten ohne Gerechtigkeit anderes als große Räuberbanden" (Augustinus: De civitate dei, IV, 4). Das der Kultur des Todes und der Räuberbanden entsprechende Wirtschaftssystem ist das heute vorherrschende liberalkapitalistische System der Exploitation von Mensch und Natur. O. v. Nell-Breuning, der Nestor der Katholischen Soziallehre, spricht ausdrücklich von der „Raubtierfreiheit" im liberalen Staat (S. 98). Johannes Paul II. reiht das liberalkapitalistische System ein unter die „Strukturen der Sünde", denn seine Antriebsmotive sind nicht die Bedürfnisse der Menschen und der sozialen Gruppen nach Voll-Endung des Lebens, sondern „die Gier nach Profit und das Verlangen nach Macht" (Enzyklika Sollicitudo rei socialis, n. 36f). Walter Heinrich, der so hochgeschätzte Lehrer und Habilitationsvater des Autors, bezeichnete schon 1949 dieses System als „kainitische Wirtschaft", die „zur Ware hat Leiber und Seelen der Menschen" (Apk 18, 13) (Heinrich 1949/50, S. 200ff). Eines ihrer Kennzeichen ist das Trachten nach gegenseitiger Existenzvernichtung im Krieg um Marktanteile, im sogenannten „Wettbewerb".

Gemeinwohlgerechtigkeit, die „jedem das Seine", d.h. das für seinen Dienst an der Gemeinschaft Notwendige, seiner Verantwortung und seinem Stand Entsprechende zuteilt, ist das oberste Ordnungsprinzip jeder gesellschaftlichen und politischen Institution, vor allem natürlich des Staates. Der Staat ist die oberste Instanz, die durch ihre Autorität die Gerechtigkeit zu verwirklichen hat. Von der staatlichen Hoheit sagt Pius XI. (Enzyklika Quadragesimo anno, n. 109), daß sie „unparteiisch und allem Interessenstreit entrückt, einzig auf das gemeine Wohl und die Gerechtigkeit bedacht, als oberste Schlichterin in königlicher Würde thronen sollte", denn nur dann könne sie ihre Funktion, das Gemeinwohl zu realisieren, indem sie alle gesellschaftlichen Kräfte auf dieses hinordne und in ihren Dienst stelle, auch erfüllen. Gerechtigkeit ist ja niemals das automatische Ergebnis eines Interessengerangels von „countervailing powers" und auch nicht das Ergebnis eines „herrschaftsfreien Diskurses" (J. Habermas) oder aus gemeinschaftlichen Ansichten von Menschen über das, was „fair" ist (J. Rawls), herleitbar. Weder entstehen Recht und Staat aus dem „Kampf aller gegen alle" (Th. Hobbes) noch sind sie Krücken, durch die der Mensch die Mängel seiner Existenz in Chancen seiner Daseinsfristung umarbeitet (A. Gehlen). Es sind dies alles die hilflosen Versuche und Konstruktionen einer Gesellschaftstheorie, Gemeinwohl, Gerechtigkeit und Ordnung zu definieren, ohne auf Gott, die göttliche Autorität und das von Gott offenbarte und in die Schöpfung und in die Herzen der Menschen eingeschriebene „Naturrecht" zurückzugreifen. Dieser willentliche Verzicht auf die „transzendente Dimension", mithin auf „das Heilige" (R. Otto) in Kultur, Gesellschaft, Staat und Wirtschaft, schafft ein Vakuum, in das alle möglichen Ideologien als Ersatz- und Pseudoreligionen einfließen (vgl. Tenbruck, S. 299). Sie alle sind Häresien, die auf der Leugnung der Erbsünde und der Erlösung durch Christus beruhen (Donoso-Cortés, S. 302). Wie jeder politische Gnostizismus, erwarten sie das Heil durch Selbsterlösung des Menschen (Voegelin, S. 235ff). Mit ihnen, diesen Ideologien, beginnt „das Drama des atheistischen

Humanismus" (de Lubac, S. 10, insbes. S. 44f). Sie alle gehören zur „Kultur des Todes", sie sind Symptome der „Krankheit zum Tode" (Kierkegaard), die vor allem die westliche Zivilisation und die von ihr infizierten Teile der Welt erfaßt hat. Hellsichtig notiert F. M. Dostojewskij 1871 in sein Tagebuch: „Europa hat Christus verloren, und deshalb stirbt es, einzig deshalb."

Licht vom Himmel

Wie das Reich Gottes, so sind auch Gemeinwohl, Gerechtigkeit, Autorität und Ordnung nicht von dieser Welt. Sie sind nicht menschengemacht, wir können sie nicht erfinden, sondern nur vorfinden und uns in tugendhaftem Leben bemühen, sie in uns aufleuchten zu lassen und sie zu verwirklichen, so unvollkommen dies auch gelingen mag. Sie sind „Licht vom Himmel" (v. Nell-Breuning). Es sind Prinzipien und Werte, „die der Wahrheit des menschlichen Seins entspringen…: Kein Individuum, keine Mehrheit und kein Staat können sie je hervorbringen, verändern oder zerstören, sondern sie können und müssen sie anerkennen, achten und fördern" (Evangelium vitae, n. 71). Alle Human- und Naturwissenschaften können immer nur „Sachgesetzlichkeiten" erhellen, normenbegründend (im ethischen Sinne) können sie nicht wirken (vgl. Gaudium et spes, n. 36).

Politik ist Sorge um das Gemeinwohl. Das Gemeinwohl ist ein Begriff der Ethik, Ethik ist das Corpus sittlicher Werte und Tugenden, die wir im sozialen Leben anstreben. Nach Auschwitz ist Politik nicht mehr möglich ohne Ethik, Ethik aber nicht ohne Religion (vgl. Rohrmoser, S. 198f), denn „die sittliche Ordnung hat nur in Gott Bestand. Wird sie von Gott gelöst, löst sie sich selbst auf" (Johannes XXIII., n. 208). Auflösung bedeutet Absterben, Tod. Das Gemeinwohl aber gehört zu den Werten der „Kultur des Lebens". Daher werden gute Staatsmänner und Bürger im Verein mit der communio, die der Herr gestiftet hat, erhält, lenkt und leitet, an allererster Stelle Bedingungen zu schaffen versuchen, die es der Religion erlauben, das gesellschaftliche Leben bis in die fernsten Winkel zu durchdringen, damit auch diese noch durch das „Licht des Himmels" erhellt und geheiligt werden. Nichts nämlich festigt die Gesellschaft und fördert den „Volkswohlstand" mehr als die Religion, die alle Glieder der Gemeinschaft mit dem einigenden Bande der Liebe, der Gerechtigkeit und des Friedens umschließt. Durch sie entsteht aus dem corpus mysticum der Wertegemeinschaft jenes corpus morale et politicum von Gesellschaft und Staat (vgl. Kantorowicz, S. 496), in dem wahre Kultur und sittlicher Fortschritt, Inhalt des bonum commune, gedeihen können.

Literaturhinweise

Brunner, E.: Altägyptische Weisheit. Lehren für das Leben. Zürich – München 1988

Donoso-Cortés, J.: Schreiben an Seine Eminenz, Herrn Kardinal Fornari, über das Wesen und den Ursprung der schwersten Irrtümer unserer Zeit, vom 19. Juni 1852. Abgedruckt in: Donoso-Cortés, J.: Essay über den Katholizismus, den Liberalismus und den Sozialismus, und andere Schriften aus den Jahren 1851 bis 1853. Herausgegeben, übersetzt und kommentiert von G. Maschke, Weinheim 1989

Gehlen, A.: Der Mensch. Seine Natur und seine Stellung in der Welt. Frankfurt am Main 1940

Grant, M.: Das Heilige Land. (Titel der Originalausgabe: The History of Ancient Israel. Ins Deutsche übersetzt von J. Rehork.) Bindlach 1990

Habermas J., Theorie des kommunikativen Handelns. 2 Bde., Frankfurt am Main 1981

v. Hayek, F. A.: Die Straße zur Knechtschaft. (Titel der Originalausgabe: The Road to Serfdom.) Erlenbach 1945

derselbe: Wie sozial kann die Gerechtigkeit sein? Über die Konsequenzen einer Utopie, die im totalen Staat zu enden vermag, in: DIE PRESSE, Wien, 30. April 1965, S. 5

derselbe: Die Verfassung der Freiheit. (Titel der Originalausgabe: The Constitution of Liberty.) 3. Aufl., Tübingen 1991

Heinrich, W.: Adamitische und kainitische Wirtschaft. Über die letzten Fragen im Wirtschaftsgeschehen, in: gloria dei. Zeitschrift für Theologie und Geistesleben. 4. Jg. H. 3, 1949/50, S. 200ff. Wiederabgedruckt in: J. H. Pichler (Hrsg.): Die Ganzheit von Wirtschaft, Staat und Gesellschaft. Ausgewählte Schriften von Walter Heinrich. Berlin 1977, S. 163–181

Johannes XXIII.: Enzyklika über die jüngsten Entwicklungen des gesellschaftlichen Lebens und seine Gestaltung im Lichte der christlichen Lehre „Mater et Magistra". Rom, 15. Mai 1961

Johannes Paul II.: Enzyklika über die soziale Sorge der Kirche „Sollicitudo rei socialis". Rom, 30. Dezember 1987

Johannes Paul II.: Enzyklika über den Wert und die Unantastbarkeit des menschlichen Lebens „Evangelium vitae". Rom, 25. Dezember 1995

Kantorowicz, E.: Die zwei Körper des Königs. (Titel des Originals: The King's Two Bodies. Übers. von W. Theimer.) 2. Aufl., München 1994

Kelsen, H.: Was ist Gerechtigkeit? Wien 1953

Kierkegaard, S. A.: Die Krankheit zum Tode, in: Gesammelte Werke. Düsseldorf 1950ff

Lubac, Henri de: Über Gott hinaus. Tragödie des atheistischen Humanismus. (Titel der Originalausgabe: Le Drame de l'Humanisme athée. Übers. von E. Steinacker). Einsiedeln 1984

Nell-Breuning, O. v.: Licht vom Himmel, in: Schasching J.: Zeitgerecht – zeitbedingt. Nell-Breuning und die Sozialenzyklika Quadragesimo anno nach dem Vatikanischen Geheimarchiv (Anhang). Bornheim 1994

Otto, R.: Das Heilige. Über das Irrationale in der Idee des Göttlichen und sein Verhältnis zum Rationalen. München 1987 (Nachdruck. 1. Aufl. 1917)

Otto, W. F.: Theophania. Der Geist der altgriechischen Religion. Frankfurt am Main 1975 (= Neudruck in Scheidewege, Beiheft 1)

Paul VI.: Apostolisches Schreiben über die Evangelisierung in der Welt von heute „Evangelii nuntiandi". Rom, 6. Dezember 1975

Pius XI.: Enzyklika über die gesellschaftliche Ordnung, ihre Wiederherstellung und Vollendung nach dem Heilsplan der Frohbotschaft „Quadragesimo anno", Rom, 15. Mai 1931

Popper, K. R.: Die offene Gesellschaft und ihre Feinde. (Titel der Originalausgabe: The Open Society and its Enemies. Übers. v. P. K. Feyerabend.) 2 Bde. Bern 1957/58

Ratzinger, J.: Glaube und Sozialverantwortung. Vortrag anläßlich der Verleihung des „Großen Leopold Kunschak-Preises", in: Kathpress. Sonderpublikation Nr. 6/1991, Wien 1991

Rawls, J.: Gerechtigkeit als Fairness. Freiburg 1977

Rohrmoser, G.: Religion und Politik in der Krise der Moderne. Graz 1989

Romig, F.: Artikel „Gemeinwohl", „Gerechtigkeit", in: Schrenck-Notzing, C. v. (Hrsg.): Lexikon des Konservatismus. Graz 1996

Rüstow, A.: Ortsbestimmung der Gegenwart. 3 Bde. Erlenbach – Zürich 1950–57

Smith, A.: Natur und Ursachen des Volkswohlstandes. (Titel des Originals: „An Inquiry into the Nature and Causes of the Wealth of Nations". Übers. von W. Loewenthal.) Berlin 1879

Tenbruck, F. H.: Die unbewältigten Sozialwissenschaften oder Die Abschaffung des Menschen. Graz 1984

Vatikanum II: Die Kirche in der Welt von heute „Gaudium et spes". Rom 1965

Voegelin, E.: Die neue Wissenschaft der Politik. Eine Einführung. (Titel des Originals: New Science of Politics. Übers. I. Gattenhof.) 4. Aufl., Freiburg 1991

Wagner, F.: Das Bild der frühen Ökonomik. Salzburg 1969

Weiler, R.: Einführung in die katholische Soziallehre. Ein systematischer Abriß. Graz 1991.

„Marktwirtschaft"
versus
konservative Wirtschaftsauffassung

Was eigentlich ist „Marktwirtschaft"?

„Marktwirtschaft" ist ein Kind des Liberalismus, Liberalismus ein Kind der Aufklärung.[1] Das Projekt der Aufklärung ist die Lostrennung („Emanzipation") des Menschen von Gott und schließlich von jeglicher Autorität unter Rekurs auf die als „mündig" angenommene einzelmenschliche Vernunft.[2]

Die auf sich selbst gestellte („autonome") menschliche Vernunft, die sich nicht mehr als Manifestation des göttlichen Logos versteht, muß

---

1 Die gründlichste Klärung dieses Zusammenhangs von sozialer Marktwirtschaft, (Neo-)Liberalismus und Aufklärung findet sich bei E. E. Nawroth: Die Sozial- und Wirtschaftsphilosophie des Neoliberalismus, Heidelberg 1961. N. kommt zu dem Schluß, daß es sich beim Neoliberalismus nicht um eine Neuschöpfung, sondern um die Renaissance altliberaler Konzepte handelt, die in keiner einzigen Grundfrage über das geistige Niveau der Aufklärungsphilosophie hinausgekommen ist (S. 425). N. setzt sich mit den deutschen Vätern des Neoliberalismus auseinander (F. A. v. Hayek, A. Müller-Armack, W. Eucken, W. Röpke, F. Böhm). Im angelsächsischen Bereich firmiert der Neoliberalismus unter „Neoklassik". Die Schlußfolgerungen N.s gelten in gleicher Weise wie für den Neoliberalismus und die „soziale Marktwirtschaft" (social market economy) auch für die „neoklassische Nationalökonomie". Vgl. dazu: F. Romig: Die ideologischen Elemente in der neoklassischen Theorie – Eine kritische Auseinandersetzung mit Paul A. Samuelson, Berlin 1971, insbes. S. 10; unabhängig kommt zu gleichartigen Aussagen jetzt H. Arndt: Irrwege der Politischen Ökonomie, München 1979. A. behandelt das Schrifttum in seiner gesamten Breite.

2 Vgl. Stichwort: „Aufklärung", in: H. Schmidt: Philosophisches Wörterbuch, 20. Aufl. (neu bearb. v. G. Schischkoff), Stuttgart 1978, S. 45f. Dort bes. zu beachten die Hinweise auf „Rationalismus" und „Liberalismus", die mit der „Aufklärung" untrennbar zusammenhängen. Einen guten und ausführlicheren Überblick bietet F. Schalk: Die europäische Aufklärung, in: Propyläen Weltgeschichte, Bd. 7, Frankfurt / M. 1986 (Neudruck), S. 469–512.

ihr Prinzip in sich selbst finden, um auf die Frage, was vernünftig sei, antworten zu können. Wir bezeichnen das als „Rationalismus"[3].

Vernünftig, „rational" ist für den Rationalismus zuletzt nur das, was Lust verschafft (die Nationalökonomen nennen es „Nutzen", „Bedürfnisbefriedigung", „Ertrag", „Wohlfahrt") und Unlust (Mißnutzen oder „Disutility", „Mühe", „Arbeit", „Aufwand", „Kosten") meidet.[4] Das handlungsbestimmende Prinzip der Vernunft ist nach rationalistischer Auffassung das ökonomische Kalkül von „pleasure and pain", „utility and disutility", „Nutzen und Aufwand", „Ertrag und Kosten".[5]

Insoweit der Mensch rational handelt – und nur dann handelt er als „aufgeklärter" Mensch, als animal rationale –, ist er homo oeconomicus. Sein ganzes Dichten und Trachten, alles, was er tut, zielt auf Lustgewinn („Profit") sowie auf den Erwerb von äußerem Reichtum und Macht ab, die beiden Mittel, um sich jeden Wunsch zu erfüllen („Macht ist Münze"). Genau das sind denn auch die Antriebsmotive

---

3 Vgl. Stichwort: „Rationalismus", in: Phil. W. B., a. a. O. (FN 2), S. 551: „Der Rationalismus ist die Denkweise der Aufklärung…".

4 Lustmaximierung (Hedonismus) als letztes Ziel des Rationalismus folgt aus seiner sensualistischen (materialistischen) Geisteslehre: Nihil est in intellectu quod non fuerit in sensu (J. Locke). Dieser Grundsatz zieht sich von Hobbes über Marx bis zu den Evolutionisten durch die gesamte Aufklärung. Vgl. O. Spann: Philosophenspiegel – Die Hauptlehren der Philosophie begrifflich und geschichtlich dargestellt, 3. Aufl. (mit einem Nachwort von G. Schischkoff), Bd. 13 der Othmar Spann-Gesamtausgabe, Graz 1970, S. 35.

5 Die Reduktion des „rationalen" Denkens auf das „ökonomische Kalkül" von „pleasure and pain" (Jevons) läßt sich über A. Smith bis zum neo-epikureischen Eudämonismus des Th. Hobbes zurückverfolgen. Vgl. K. Muhs: Geschichte des abendländischen Geistes, Berlin 1950, Bd. 2, S. 221, S. 400, S. 421. Die gesamte neo-klassische „Mikroökonomie" ist in ihrem Kern nichts anderes als „Nutzenkalkül" von Tausch- oder „Substitutions-Möglichkeiten" („Optionen", Wahlhandlungen). Politisch begründet das Offenhalten der Substitutionsmöglichkeiten die Forderung nach Erwerbsfreiheit, Eigentumsfreiheit, Gewerbefreiheit, „offenen" Märkten, „freier" Marktwirtschaft sowie die Abwesenheit von „Macht" und „Zwang". Auf die Tautologie, die dadurch entsteht, ein machtfreies Marktmodell zu konstruieren und dann, um des Funktionierens willen, politisch die Elimination der Macht zu fordern, hat nachdrücklich hingewiesen K. W. Kapp: The Social Costs of Private Enterprise, Cambridge, Mass. 1950, S. 240.

der „Marktwirtschaft": „die Gier nach Profit und das Verlangen nach Macht".[6]

Das Streben des einzelnen nach Profit (Lustgewinn, Reichtum) und Macht stößt auf das gleichartige Streben der Mitmenschen, d.h. auf Konkurrenz. Sie ist das regulative Prinzip, welches das Verhältnis der Menschen zueinander bestimmt, und der Markt der „Ort", auf dem der Wettbewerb ausgetragen wird. „Marktwirtschaft" wird daher häufig mit „Wettbewerbswirtschaft" gleichgesetzt.

Wettbewerb (z. B. im Sport) bezweckt Auslese der Besten nach Regeln oder Normen. Solche (Spiel-)Regeln oder Normen „organisieren" den Wettbewerb („die Wettbewerbsveranstaltung") und bestimmen, wer beim Wettbewerb aufgrund seiner alle anderen Konkurrenten überragenden Leistung („Performance") als Sieger gelten und als der Tüchtigste („Beste", „Stärkste", „Schnellste") den Siegespreis erhalten soll. Auf dieser Idee des Wettbewerbs beruht die der „Marktwirtschaft" zugeschriebene Leistung oder „Funktion", das Hauptproblem der Nationalökonomie, die „Allokation knapper Ressourcen", optimal zu lösen. Die Ressourcen wandern zum „besten Wirt", zu den tüchtigsten Unternehmen, zu den kaufkräftigsten Käufern, zu den „Orten" des höchsten Ertrages (z. B. Kapital in die Länder mit dem höchsten Realzinsniveau) – allerdings nur unter einer Voraussetzung: Die Auslese der Besten und die Wanderung der Ressourcen dürfen nicht gestört, der Wettbewerb nicht „verzerrt", in den Markt darf nicht „eingegriffen" werden, jedenfalls nicht anders als mit „marktkonformen" oder „wettbewerbsneutralen" Mitteln. Der Markt soll „frei" sein. Nur wenn Markt und Wettbewerb sich selbst überlassen bleiben, können sie ihre „Selbstregulierungsfunktion" erfüllen. „Marktwirtschaft" ist daher politisch immer mit der Forderung nach *„Laisser faire"* und durch sie mit dem Liberalismus verbunden. „Der Markt braucht keinen Meister", hier wirkt der Automatismus der „Selbstorganisation", die „spontane

---

6 Johannes Paul II.: Enzyklika über die soziale Sorge der Kirche „Sollicitudo rei socialis", Rom 1987 (abgek. SRS) n. 37: Zwei Verhaltensweisen kennzeichnen die heutigen „Strukturen der Sünde": „die ausschließliche Gier nach Profit und das Verlangen nach Macht", die beide „unauflöslich verbunden sind" und „die wahre Natur des Bösen" ausmachen.

Ordnung" (F. A. v. Hayek), die „invisible hand" (A. Smith). Einzig die Spielregeln und Normen, unter denen der Wettbewerb stattfinden und seine Auslesefunktion erfüllen soll, sind festzulegen.

Wie im sportlichen Wettbewerb, so gibt es auch in der wirtschaftlichen Konkurrenz Sieger und Besiegte, in der Wirtschaft jedoch u.U. mit fatalen Konsequenzen für den Unterlegenen. In der Marktwirtschaft – und das ist hier der Sinn des Wettbewerbs als Ausleseveranstaltung – soll der Unterlegene auf dem Markt nicht zum Zuge kommen, er soll vom Markt verdrängt und ferngehalten werden. Marktwirtschaftlicher Wettbewerb ist daher immer Verdrängungswettbewerb, Kampf um Marktanteile und Marktkontrolle (insbes. auch der Marktzugangskontrolle).

Als Verdrängungswettbewerb tendiert Wettbewerb dazu, sich selbst aufzuheben, d.h.: er tendiert zum Monopol. Wettbewerb ist Kampf ums Monopol, um Vorzugsstellungen, um Kontroll- und Machtpositionen, ähnlich wie in der Parteiendemokratie. Sie ist das politische Korrelat zur „Marktwirtschaft".[7] Die moderne Industriegesellschaft stellt sich dem Betrachter denn auch in der Tat als eine „Welt von Monopolen"[8] dar, die, wenn nicht gerade Waffenstillstand (z.B. aufgrund von Kartellvereinbarungen) zwischen einigen von ihnen herrscht, sich alle gegenseitig bekriegen und unter ihre Kontrolle bringen wollen.

Kriege, so wissen wir aus Erfahrung, werden durch (Unternehmens-) Strategien, Ausrüstungen (Waffen, Munition, logistische Einrichtungen), (Mitarbeiter-)Truppen und Kampfgeist („Motivation", Begeisterung, „Identity") entschieden. Militärische Termini haben seit langem Einzug in die Hörsäle, Lehrbücher und Führungskader der Wirtschaft

---

7　Der Zusammenhang von „Marktwirtschaft" und Demokratie" wird gerade von Neoliberalen oder „Ordo"-Liberalen („freiheitliche" Wirtschaftsordnung – „freiheitliche" Gesellschaftsordnung) immer wieder betont. Doch auch hier wirkt so etwas wie die „Dialektik der Aufklärung": In der neoliberalen Konzeption wird aus „Wettbewerbsfreiheit" „Wettbewerbszwang", daher das Verbot von Kartellen, Zusammenschlüssen und anderen Verbänden als Formen „privater Macht". F. Ottel: Wirtschaftspolitik am Rande des Abgrundes, Frankfurt / M. 1957, ist diesem Sachverhalt nachgegangen.

8　J. Robinson: The Economics of Imperfect Competition, London 1933 (repr. 1948).

gehalten. Kein Wunder, daß da einer der klügsten Nationalökonomen seinen Studenten empfohlen hat, Clausewitz' „Vom Kriege" zu studieren.[9] Was sie dort lernen würden: Strategie, Aufmarschplanung, Angriff, Überraschung, Umgehung, Tarnung, Täuschung, Umzingelung, Einkesselung, Grabenkampf, Belagerung, Zermürbung, Ausfall, Rückzug etc., das alles sei viel realitätsnäher als alle ökonomischen Modelle und Theoreme.

Die theoretische Form, in der sich die „soziale Marktwirtschaft" heute darstellt, ist die „Neoklassik". Das Überraschende nun ist – und deshalb ist K. W. Rothschild rückhaltlos zuzustimmen –, daß es kein einziges mikro- oder makroökonomisches neoklassisches Grundtheorem gibt, das modernen wissenschaftstheoretischen Ansprüchen sowohl in logischer wie empirischer Hinsicht genügen würde und die erforderlichen Tests bestanden hätte. Kein einziges! Mit anderen Worten: Es gibt kein einziges „ökonomisches Gesetz", dessen kausal-mechanische Eindeutigkeit empirisch bewiesen wäre. Was wir heute in der neoklassisch ausgerichteten Nationalökonomie betreiben, ist im wesentlichen „angewandte Mathematik" oder, wie H. Albert den Na-

---

9   Vgl. K. W. Rothschild: Preistheorie und Oligopol, in: A. E. Ott (Hrsg.), Preistheorie, Köln 1965, S. 360.

tionalökonomen spöttisch vorhielt, „Modell-Platonismus"[10], Modell-
schreinerei ohne Realitätsbezug.[11]

Das vielberufene „Gesetz von Angebot und Nachfrage" zur Bestimmung der Preise erwies sich als Tautologie.[12] In der Praxis gibt es keine
Angebots- und Nachfragekurven (in deren Schnittpunkt der Preis zu
finden ist). Die Unternehmer (Anbieter) können nicht einmal die Frage
beantworten, was denn eigentlich ihr Produkt tatsächlich „kostet".[13]

---

10 H. Albert: Modell-Platonismus. Der neoklassische Stil des ökonomischen
   Denkens in kritischer Beleuchtung, in: Sozialwissenschaft und Gesellschafts-
   gestaltung. Festschrift für G. Weisser, Berlin 1963, S. 45.

11 Wie ein roter Faden zieht sich die Sorge um den Realitätsbezug durch die
   „Presidential Addresses", die von den bekanntesten Wirtschaftswissenschaf-
   tern aus dem angloamerikanischen Bereich jeweils zu Jahresende an die
   American Economic Association gerichtet und anschließend in The American
   Economic Review veröffentlicht werden. Gegen die zunehmende Spezialisie-
   rung und Trivialisierung werden „Economics of economics" gefordert, also
   die Anwendung des ökonomischen Kalküls von Nutzen und Aufwand auch
   auf die Theorienproduktion der Nationalökonomen. Das erinnert an die
   J. Schumpeter zugeschriebene Bemerkung, von der Arbeit der Nationalökonomen entfielen 10 Prozent auf die Aufstellung neuer Theorien, 90 Prozent auf
   ihre Widerlegung, das Ergebnis nähere sich Null. Heute stimmt das sicher
   nicht mehr: mindestens 50 Prozent sind für das gedankenlose Wiederkäuen
   von unbewiesenen Grundtheoremen in Lehrveranstaltungen und Textbüchern
   anzusetzen. „Papageiengeschwätz" nennt das eine der berühmtesten National-
   ökonominnen, J. Robinson. Um diesen Tendenzen – Realitätsferne, Trivialisierung, Verschwendung von Ressourcen – gegenzusteuern, wäre es markt-
   wirtschatlich konsequent – wenn auch eine kleine Revolution auslösend –,
   nicht nur „Economics of economics" zu fordern, sondern Wissenschaft und
   Forschung samt Lehrbetrieb und Universitäten zu privatisieren und die staatliche Subventionierung einzustellen. In diese Richtung gehen die Vorschläge
   zweier so bedeutender Kritiker am heutigen „Wissenschaftsbetrieb" wie E.
   Chargaff und P. Feyerabend (vgl. E. Chargaff: Kritik der Zukunft. Stuttgart
   1983, S. 35ff; P. Feyerabend: Irrwege der Vernunft [engl. Farewell to Reason],
   Frankfurt / M. 1989, bes. S. 381ff.: „Wie immer, so ist es auch hier mit markt-
   wirtschaftlichen Prinzipien" zu Ende, wenn „vested interests" betroffen sind).

12 Zu diesen, aus der Tatsache des Wirtschaftskreislaufes und der Interdependen-
   zen abgeleiteten und auf den ersten Blick nicht gleich plausiblen Sätzen sowie
   zu den folgenden Beispielen: F. Romig, a. a. O. und H. Arndt, a. a. O. (beide
   FN 1).

13 J. Robinson: Doktrinen der Wirtschaftswissenschaft – Eine Auseinandersetzung mit ihren Grundgedanken und Ideologien (engl. Economic Philosophy),
   München 1965, S. 118.

Die Kostenrechnungen und Kalkulationssysteme, die man ihnen einredete, brachten Resultate hervor, die eine „Mischung aus viel Dichtung und wenig Wahrheit"[14] darstellen, geeignet, „jenen Preis zu rechtfertigen, der erzielbar ist".[15] Die „Gesetze über die Zu- oder Abnahme der Grenzrate der Substitution", mit denen die Theorie erklärt, wie Verbraucher sich verhalten und Haushalte ihre Budgets verwalten, lösten bei den Betroffenen (Hausfrauen, Konsumenten), je nach dem Grade des Verständnisses, erstauntes Kopfschütteln oder Lachkrämpfe aus. Am Ende mußten selbst die Neoklassiker die Idee einer geschlossenen Preistheorie aufgeben und zugestehen, daß die von ihnen aufgestellten „Marktgesetze" nicht ausreichen, um das Zustandekommen von Preisen zu erklären.[16]

Und dann verloren sie auch gleich noch den Marktbegriff, sie konnten ihn nicht mehr definieren! Sie hatten den einen „Markt" solange in Teil- und Elementenmärkte zerlegt, bis er sich verflüchtigte und nur noch „Verhaltensweisen" und „individuelle Kundenbeziehungen" übrigblieben. Schon vor rund vierzig Jahren kam von einem mit neoklassischen Methoden arbeitenden Nationalökonomen daher die Empfehlung, „den Marktbegriff nicht mehr zu verwenden".[17] Er ist nichts als ein flatus vocis.

„Marktwirtschaft" ohne „Markt"? Wo sollten da die Marktgesetze herkommen, auf die man sich immer berief, wenn Betriebe geschlossen und Arbeiter auf die Straße geworfen wurden? Denn das Problem, das

---

14 So der führende deutsche Kostentheoretiker und -praktiker P. Riebel: Das Rechnen mit Einzelkosten und Deckungsbeiträgen, in: Zeitschrift für handelswissenschaftliche Forschung, Köln schon 1959, S. 237: „Es gibt in jeder Wissenschaft Fragen, die aus der Natur der Sache heraus nicht beantwortet werden können. Dazu gehört die naheliegende, aber laienhafte Frage: Was kostet die Leistungseinheit?"

15 J. Robinson, a. a. O. (FN 13), S. 169. Der Sarkasmus ist nicht zu übersehen.

16 Vgl. H. v. Stackelberg: Grundlagen der theoretischen Volkswirtschaftslehre, 2. Aufl., Tübingen 1951, S. 220f.

17 H. Sanmann: Marktform, Verhalten, Preisbildung bei heterogener Konkurrenz, in: Jahrbuch für Sozialwirtschaft, Bd. 14, Göttingen 1963, S. 59. Ganz folgerichtig verwendet die konservative Wirtschaftstheorie den Begriff „Leistungswechsel" für „Markt" und nimmt die Funktionen in den Blick, die mit diesem verbunden werden.

sie zu lösen versprach, das Problem der Arbeitslosigkeit, diese Geißel des Kapitalismus, bekamen die neoklassische Theorie und „Synthese" nie in den Griff. Der Keynesschen Revolution ging der Atem aus. Die Theorie zur Bestimmung des Volkseinkommens und der Beschäftigung durch Sparen und Investieren erwies sich als eine „metaphysische Konzeption".[18] Die Annahmen über die „Grenzleistungsfähigkeit des Kapitals", den „Hang zum Verbrauch" und die „Liquiditätsvorliebe" waren nichts als „Catchwords", welche die unverantwortliche Ausweitung der Budgetdefizite begründen halfen. Sie fachten die Inflation an, versteinerten die Strukturen und schwächten die Wettbewerbsfähigkeit. Als man damit auch die Arbeitslosigkeit nicht mehr in den Griff bekam, ließ man die Keynessche Theorie fallen. Politiker kamen ans Ruder, welche die „Sanierung" der Budgets versprachen, und versatile Ökonomen aus dem klassischen Lager, die „Monetaristen", sprangen ihnen bei, die ihnen ein altes Museumsstück, die „Quantitätstheorie des Geldes", frisch abgestaubt und hochglanzpoliert als Neuheit verkauften. Jetzt waren „schlanker Staat", Privatisierung und Deregulierung angesagt. Das Problem der Arbeitslosigkeit ließ sich damit zwar auch nicht lösen, aber die Schuld daran konnte man wenigstens auf die Vorgänger im politischen Amt abschieben, die keinen budgetären „Spiel"raum für Ankurbelungsmaßnahmen übriggelassen hatten. Wirtschaftspolitik pendelte zwischen „Gasgeben" und „Bremsen".

Der Leser, der bis hierher durchgehalten hat und Bilanz zieht, wird sich fragen, was denn das Ganze soll? Eine Theorie ohne Praxisrelevanz? „Gesetze" ohne Beweis? Begriffe ohne Substanz? Was wird denn dann mit dieser Worthülse „Marktwirtschaft" bezweckt?

Die Antwort klingt, als würde sie aus der linken Suppenküche kommen:

„Marktwirtschaft" ist Ideologie! Ihr Zweck ist die Verschleierung und Verdeckung von Machtpositionen, Machterwerb, Machtkämpfen, Machtsicherung, Machtkontrolle. Sie soll das Nachdenken darüber ausschließen oder ablenken, wie die moderne Industriegesellschaft tatsächlich funktioniert, wie, durch wen und zu wessen Gunsten sie moti-

---

18 J. Robinson, a. a. O. (FN 13), S. 118.

viert und kontrolliert wird. Kommt dennoch Kritik auf, so wird sie unter Hinweis auf „Selbstregulierung" und „Laisser faire", auf „Sachzwänge" und „Globalisierung", auf „Gemeinsamen Markt" und „internationale Vereinbarungen" abgetan. Statt angesichts der schrecklichen Verwüstungen unserer Umwelt politisch zu handeln, wird das „Laisser faire" zur Maxime der Politik. Die Berufung auf die sich selbst regulierenden „Marktgesetze" ist Ausdruck der Resignation der classe politique vor einer Entwicklung in Gesellschaft und Wirtschaft, die sie selbst in Szene gesetzt hat.

Kennzeichnend für diese Entwicklung zur modernen Industriegesellschaft ist die totale Verschmelzung von Großindustrie, Geschäft, Rüstung, Forschung, Technik, Massenproduktion, -konsum, -unterhaltung, -kommunikation, -manipulation, Staatsbürokratie und Politik.[19] Das gesamte Ausbildungs- und Erziehungssystem des „Produktionsfaktors" Mensch ist auf die Bedürfnisse der Großindustrie abgestellt. Die Großforschung, inzwischen selbst zu einer Industrie geworden, wird vom Staat unterhalten: Elektronik, Weltraumfähren, Satellitenkommunikation, Atomforschung, Genforschung, sie alle sind „social costs of private enterprise". Die Industriegesellschaft dient nicht den Bedürfnissen des Menschen, sondern ihren eigenen Bedürfnissen. Ihre Rationalität manifestiert sich in ihren höchsten Formen in der Destruktion („Atomgesellschaft"), in der Verschwendung („Gesellschaft im Überfluß") und in der Verdinglichung des Menschen („Entfremdung").[20]

Die moderne Dreifaltigkeit von Naturwissenschaft, Technik und Industrie – Erwin Chargaff macht hierauf wiederholt aufmerksam – arbeitet mit immer größerer Beschleunigung („Wachstumsraten") an der Zerstörung der Welt. Die liberalkapitalistische „Marktwirtschaft" und

---

19 Überaus anschaulich dargestellt durch J. K. Galbraith: Die moderne Industriegesellschaft (engl. The New Industrial State), München 1968.
20 Hierzu noch immer grundlegend H. Marcuse: Der eindimensionale Mensch. Studien zur fortgeschrittenen Industriegesellschaft (engl. One-Dimensional Man), Berlin 1968, 3. Aufl. Ihn zitiert Paul Vl. in seiner „Ansprache an die Internationale Arbeiterorganisation (ILO)" in Genf am 10. Juni 1969, n. 20, in: Katholische Arbeitnehmer-Bewegung Deutschlands (Hrsg.): Texte zur katholischen Soziallehre, 8. Aufl., Bornheim 1992, S. 451.

die mit ihr verbundene neoklassische Theorie sind nichts anderes als der ideologische Überbau für die „Struktur der Sünde", wie Johannes Paul II. sie klarsichtig benennt. Die Verbrämung der „Marktwirtschaft" mit „sozialen" oder „ökologischen" Attributen ändert nichts an diesem harten Verdikt. Es ist so gültig wie jenes, das Pius XI. vor 70 Jahren mit einer Prägnanz ausgesprochen hat, die erschauern läßt:

„Das ist ja der Grundirrtum der individualistischen (= neoklassischen, F. R.) Wirtschaftswissenschaft, aus dem alle Einzelirrtümer sich ableiten: in Vergessenheit oder Verkennung der sittlichen Natur der Wirtschaft glaubte sie, die öffentliche Gewalt habe gegenüber der Wirtschaft nichts anderes zu tun, als sie frei und ungehindert sich selbst zu überlassen (= Laisser faire, F. R.); im Markte, das heißt im freien Wettbewerb besitze diese ja ihr regulatives Prinzip... Die Wettbewerbsfreiheit – obwohl innerhalb der gehörigen Grenzen berechtigt und von zweifellosem Nutzen – kann aber unmöglich regulatives Prinzip der Wirtschaft sein. Die Erfahrung hat dies, nachdem die verderblichen individualistischen Theorien in die Praxis umgesetzt wurden, bis zum Übermaß bestätigt... Am auffallendsten ist heute die geradezu ungeheure Zusammenballung nicht nur an Kapital, sondern an Macht und wirtschaftlicher Herrschgewalt... Zur Ungeheuerlichkeit wächst diese Vermachtung der Wirtschaft sich aus bei denjenigen, die als Beherrscher und Lenker des Finanzkapitals unbeschränkte Verfügung haben über den Kredit und seine Verteilung nach ihrem Willen bestimmen. Mit dem Kredit beherrschen sie den Blutkreislauf des ganzen Wirtschaftskörpers; das Lebenselement der Wirtschaft ist derart unter ihrer Faust, daß niemand gegen ihr Geheiß auch nur zu atmen wagen kann.

Diese Zusammenballung von Macht, das natürliche Ergebnis einer grundsätzlichen zügellosen Konkurrenzfreiheit, die nicht anders als mit dem Überleben des Stärkeren, das ist allzuoft des Gewalttätigeren und Gewissenloseren, enden kann, ist das Eigentümliche der jüngsten Entwicklungen.

Solch gehäufte Macht führt ihrerseits wieder zum Kampf um die Macht, zu einem dreifachen Kampf: zum Kampf um die Macht innerhalb der Wirtschaft selbst; zum Kampf sodann um die Macht über den Staat, der selbst als Machtfaktor in den Interessenkampf eingesetzt werden soll; zum Machtkampf endlich der Staaten untereinander...

(= Imperialismus, F. R.). Der freie Wettbewerb hat zu seiner Selbstaufhebung geführt; an die Stelle der freien Marktwirtschaft trat die Vermachtung der Wirtschaft; das Gewinnstreben steigerte sich zum zügellosen Machtstreben. Dadurch kam in das ganze Wirtschaftsleben eine grausenerregende Härte."[21]

Kein Kommunist, so meinte Maurice Thorez in seiner historischen Ansprache vom 26. Oktober 1937, habe den „Wirtschaftsliberalismus" je so heftig kritisiert wie Pius XI.[22]

Die konservative Wirtschaftsauffassung

Für die konservative Auffassung ist Wirtschaft „Leistungsgemeinschaft „im Dienste der Gesellschaft, genauer noch „ein Gebäude rang-

---

21 Pius XI.: Enzyklika über die gesellschaftliche Ordnung, ihre Wiederherstellung und Vollendung nach dem Heilsplan der Frohbotschaft „Quadragesimo anno". Rom 1931, n. 88 und 105–109.

22 Hirtenbrief der Bischofskonferenz der Vereinigten Staaten von Amerika über den marxistischen Kommunismus vom November 1980 (dtsch.), Bonn 1980, Anm. 3. Verdienstvollerweise hat A. Mohler wieder in Erinnerung gerufen, wo der eigentliche Feind des Konservativen zu finden ist: im Lager der Liberalen. Hier gilt es, sich zu absoluter Klarheit durchzuringen und jeden Kompromiß zu vermeiden (vgl. A. Mohler: Liberalenbeschimpfung. Sex und Politik, Der faschistische Stil, Gegen die Liberalen – Drei Politische Traktate, Essen 1989, S. 132).

ordnungsmäßig gegliederter Leistungen von Mitteln für Ziele".[23] Diesem Begriff zufolge unterscheidet konservative Wirtschaftstheorie:

1. die der Wirtschaft von der Gesellschaft vorgegebenen Ziele, zu deren Erreichung die von der Wirtschaft bereitzustellenden Mittel notwendig sind. Zu diesen Mitteln gehören nicht nur solche, welche die „Bedürfnisse" der einzelnen Menschen („Konsumenten") „befriedigen" (z.B. Nahrung, Kleidung, Wohnung), sondern auch Weltraumfähren, SDI-Systeme, Atomraketen, Neutronenbeschleuniger zur Erzeugung von Nobelpreisen, Gefängnisse, Kirchengebäude, Wasserwerfer der Polizei, Überwachungssysteme bei Grenzübertrittsstellen, Güter also, die von der neoklassischen Theorie in der Regel ausgeklammert werden. Welche Mittel bereitzustellen sind, darüber entscheidet nicht die „Wirtschaft", sondern die Gesellschaft in ihren der Wirtschaft vorgeordneten „Kultursachbereichen" (mit ihren „Haushalten" und „Budgets");

2. die Leistungsarten oder Funktionen: organisatorische Leistungen (Wirtschaftssystem, Wirtschaftsverfassung, Wirtschaftsordnung, Wirtschaftsrecht, Besteuerungssystem, Geld-, Währungs- und Kreditsystem), Vorleistungen (Erfinden und Lehren), Hervorbringungsleistungen (Kreditschöpfung und Kreditgewährung, Handel, Lagerhaltung, Transport, Erzeugung, Schadensverhütung und Versicherung);

---

23 Wir folgen hier der universalistisch-konservativen Theorie O. Spanns und seiner Schule, von der Armin Mohler meint, sie habe der Konservativen Revolution „das durchgearbeitetste Denksystem geliefert" (A. Mohler: Die Konservative Revolution in Deutschland 1918–1932, 2. Aufl., Darmstadt 1972, S. 203). Als Standardwerk konservativer Wirtschaftspolitik darf gelten: W. Heinrich: Wirtschaftspolitik, 2 Bde., Berlin 1964–1967 (2. Aufl.); eine kurze Gesamtübersicht bietet F. Romig: Wirtschaft der Mitte. Eine Einführung in die „Wirtschaftspolitik" von Walter Heinrich, Stifterbibliothek, Bd. 72, Salzburg 1955. Eine populäre Einführung in das Spannsche System wurde vorgelegt von W. Becher: Der Blick aufs Ganze – Das Weltbild Othmar Spanns, München 1985; in den „Monographien zur österreichischen Kultur- und Geistesgeschichte" liegt als Bd. 4 vor: J. H. Pichler (Hrsg.): Othmar Spann oder Die Welt als Ganzes, Wien 1988. Dort auch eine Bibliographie der wichtigsten Arbeiten aus der Spann-Schule (S. 279–285). Eine Othmar Spann-Gesamtausgabe in 21 Bänden ist erschienen in der Akademischen Druck- und Verlagsanstalt in Graz, 1963–1979.

3. die Leistungsgebilde oder Sozialwirtschaftsstufen, die jeweils alle Leistungsarten in spezifischer Weise darstellen oder „ausgliedern" (Weltwirtschaft, Großraumwirtschaft, Volkswirtschaft, Regionalwirtschaft, Verbandswirtschaft, Betriebswirtschaft, Hauswirtschaft);

4. die Leistungs- oder Wirtschaftsgrundlagen: der Mensch als Verrichtungsträger, die Natur (Boden, Bodenschätze, Wald, Wasser, Pflanzen- und Tierarten, Mikro- und Makroklima), Wissenschaft und Technik;

5. die Leistungsgrößen, Leistungs„werte" oder Preise;

6. die Vorrangsverhältnisse, insbesondere den Vorrang der Ziele vor den Mitteln, der Mittel vor den Leistungsgrundlagen, der höheren Leistungen und Wirtschaftsstufen vor den niedrigeren, der Leistungen vor den Leistungsgrößen;

7. die Wirtschaftspolitik als Inbegriff von organisatorischen Maßnahmen zur Umbildung der Wirtschaft zwecks Effizienzsteigerung oder Festigung der Gesellschaft.

Nach ihren grundsätzlichen Absichten („Schlüsselbegriffen") ist konservative Wirtschaftspolitik: Wirtschaftsausbaupolitik (z.B. Entwicklungspolitik, „Vollbeschäftigungspolitik"), Dezentralisationspolitik (z.B. Großstadtauflockerungspolitik); Struktur(krisen)politik, Stabilisierungspolitik (z.B. Konjunkturpolitik); Kreativitäts(anregungs)politik (z.B. Innovationspolitik).

Konservative Ordnungspolitik erschöpft sich nicht in Wettbewerbspolitik oder Marktordnung: im Vordergrund steht nicht die „Konkurrenz", sondern die Förderung der Zusammenarbeit oder „Kooperation" der einzelnen Wirtschaftsgebilde nach den Prinzipien Selbsthilfe (solidarische Hilfe), Selbstverwaltung (Subsidiarität) und Gemeinwohlwahrung (Gesamtwohlfahrt, bonum commune, sittliche Bindung). Ihr regulatives Prinzip ist nicht die Konkurrenz, sondern die Gerechtigkeit (Angemessenheit, Entsprechung, iustitia commutativa et distributiva).[24]

---

24 Vgl. F. Romig: Theorie der wirtschaftlichen Zusammenarbeit, Berlin 1966. Dort auch eine Tabelle als Überblick über das ganzheitliche System von Gesellschaft und Wirtschaft (S. 92).

Durch die Politik der Zusammenarbeit wird die Wirtschaft „formiert" oder „durchorganisiert", d. h. verbandlich gegliedert. Je kräftiger die Verbände entfaltet und hierarchisch gegliedert sind, desto besser funktioniert die Selbstverwaltung, der Interessenausgleich zwischen den Verbänden und die Zusammenarbeit mit dem Staat. „Verband schluckt Staat": Der Staat kann sich auf seine eigentliche Hoheitsaufgaben zurückziehen und die wirtschafts- und sozialpolitischen Angelegenheiten der (sozial-)partnerschaftlichen Regelung der Wirtschaftsverbände weitestgehend überlassen, die, im Gegensatz zur Staats- und EU-Bürokratie, den zu solchen Regelungen gemeinsamer Angelegenheiten notwendigen Sachverstand besitzen. Hoheitliche Eingriffe sind dann nur erforderlich, wenn der Interessenausgleich versagt oder das Gemeinwohl verletzt wird.

Je nach geschichtlicher Situation wurden von praktisch allen westlichen Industriestaaten ordnungspolitische Maßnahmen gesetzt und Einrichtungen geschaffen, durch welche die gemeinwohlorientierte Verbandsbildung angetrieben und die Zusammenarbeit zwischen Staat und Wirtschaft verbessert und geregelt wurde. Erinnert sei hier nur an den „Reichswirtschaftsrat" der Weimarer Republik (wegen seiner Zusammensetzung ein Fehlschlag), an die heutige relativ geordnete „Repräsentation organisierter Interessen" in der BRD, an das schweizerische „Vernehmlassungsverfahren" und die „Friedensabkommen", an die österreichische „Sozialpartnerschaft", an den „Sozialökonomischen Rat" in den Niederlanden, an die „Planification a la française", an die „Camera Corporativo" in Portugal (unter Salazar eingerichtet), an das wenig nachahmenswerte System des „Lobbying" in den USA, das jedoch ergänzt wird durch die „Hearings". Immerhin zeigen diese wie auch andere, zum Teil äußerst erfolgreichen Ansätze, daß kein Staat allein auf den „Marktmechanismus" vertraut. Allzuviele Wahlmöglichkeiten hat der Staat ja heute nicht mehr: entweder überläßt er die Kontrolle des „Marktes" den Großunternehmungen mit allen Nachteilen für das Gemeinwohl, die im ersten Abschnitt beschrieben wurden; oder er kommt seiner Gemeinwohlaufgabe nach und fördert die gemeinwohlorientierte Verbandsbildung nach den oben beschriebenen Prinzipien. Die dritte Möglichkeit, Sozialisierung und zentrale Planung, wird nach dem Scheitern der realsozialistischen Experimente heute ja kaum noch jemand in Betracht ziehen.

Die neoklassische Theorie hat zu den Verbänden und ihren Funktionen praktisch keinen Zugang. Für sie sind Verbände Träger von privater Macht, welche die Märkte kontrollieren und die Konkurrenz fernhalten wollen (also Kartelle oder Monopole). Um ihr Ideal von der möglichst vollständigen Konkurrenz- und Marktfreiheit durchsetzen zu können, würden die Vertreter der Neoklassik daher am liebsten alle Verbände auflösen, womöglich auch die Gewerkschaften. Alles, was sie damit erreichen, ist die Kontrolle der Märkte durch jene Mammutunternehmungen, die übrigbleiben, wenn die Konkurrenz ihre Auslesefunktion erfüllt hat.

Jede Gesellschaft ist um so lebendiger und reicher, je mehr die kleinen Gemeinschaften und Verbände entwickelt und differenziert sind. Daher Dezentralisationspolitik, Auflockerung, Betonung der Unterschiedlichkeit, „Spezifizität" statt Gleichheit und Uniformierung. Daraus ergibt sich als anzustrebendes Bild konservativer Wirtschaft:

1. Humane Arbeits- und Konsumwelt: Förderung von Klein- und Mittelbetrieben („small is beautiful"), Dezentralisation von Großbetrieben (Werkaussiedelung, Gruppenarbeit, Vollfertigung statt Fließbandarbeit, Automation zwecks Entlastung von stumpfsinniger Repetitivarbeit), Förderung gediegener, gesunder und dauerhafter Produkte und des persönlich geprägten Bedarfes, Zurückdrängung der Massenproduktion und Massenunterhaltung, des Massentourismus etc.
2. Humane Wohnwelt: Förderung der Großstadtauflockerung, Eigenheim- und Gartenstadtbewegung, Zurückdrängung der Mietskasernen und Slums, Förderung der Nachbarschafts-, Dorf-, Bezirksund Heimatkultur.
3. Bändigung von Wissenschaft und Technik: Auflösung der militärisch-technisch-industriellen Superstrukturen, Förderung naturnaher und humaner Wirtschaftstechniken, regenerativer Kreisläufe, intermediärer Techniken.
4. Schutz der Natur, sorgfältiger Umgang mit den Naturgrundlagen; Erhaltung der Bodenfruchtbarkeit, Schonung der Bodenschätze und

Energiereserven, Bekämpfung des Waldsterbens und der Großrodungen, Reinhaltung der Seen, Flüsse, Meere und Grundwasserreserven; Erhaltung der Tier- und Pflanzenarten, naturnahe Züchtungsmethoden, tiernahe Stallhaltung; Bekämpfung der Klimaverschlechterungen (Ozonbelastung, Treibhauseffekt) und der Luftverschmutzung.

5. Umfassende Förderung der Zusammenarbeit auf allen Ebenen (betrieblich, regional, national, international) zwischen allen Leistungsträgern, Klassen und Schichten, ihren Verbänden und Vertretungen. Zurückdrängung der überbordenden Konkurrenz, des Klassenkampfes, der Interessenkonflikte, der Machtkonzentrationen, des Wirtschaftsimperialismus.

6. Zusammenwachsen und „Formierung" der Verbände zu einem ideellen „Wirtschaftskörper", der die gegenseitige Abhängigkeit und Aufeinanderangewiesenheit aller am Wirtschaftsleben partizipierenden Glieder bewußt, überschaubar und gestaltbar macht und hierbei Eigeninitiative (Selbsthilfe, Eigenvorsorge, Privateigentum) und Selbstverwaltung (Selbstbestimmung, Freiheit) mit Gemeinwohlorientierung (Sozialprinzip) verbindet.

Die Bausteine aus der Tradition

Die Tradition der konservativen Wirtschaftsauffassung[25] reicht bis in die Antike zurück. Sie hat ihre Vertreter und Schulen in jeder geistesgeschichtlichen Epoche und findet in der Gegenwart immer mehr Freunde. Die Beiträge von tausenden Verfassern müßten genannt werden, doch mögen hier einige Andeutungen genügen:

Grundlegend ist Platons „Staat" mit seiner Lehre von der Einheit oder Ganzheit der Seinsordnung, Staatsordnung (= Ständeordnung) und Tugendordnung. Die Summen des hl. Thomas v. Aquin mit ihrer Lehre vom „gerechten Preis" und der Güterlehre. Auf Thomas fußt weitgehend die Katholische Soziallehre mit den Enzykliken der Päpste.

---

25 In der lehrgeschichtlichen Darstellung schließen wir uns weitgehend an: O. Spann: Die Haupttheorien der Volkswirtschaftslehre auf lehrgeschichtlicher Grundlage. In einem Nachwort weitergeführt v. W. Heinrich (Bd. 2 der Othmar Spann-Gesamtausgabe), 28. Aufl., Graz 1969.

Fichtes „Geschlossener Handelsstaat", der in seiner Stringenz den Gegensatz der konservativen Auffassung zur „offenen" oder „freien" Markt- oder Konkurrenzwirtschaft ganz deutlich macht. Adam Müllers „Elemente der Staatskunst" mit ihrer Lehre vom „idealischen" oder geistigen Kapital der Nation. Friedrich Lists „Nationales System der politischen Ökonomie" mit der für alle Wirtschaftspolitik bis heute unverlierbaren „Lehre von den produktiven Kräften". Die ältere und jüngere historische Schule (Roscher, Knies, Hildebrand, Schmoller) mit ihrer Abkehr von jedem Modelldenken und der Betonung des „geschichtlichen Wachstums der Ordnungen" in Abwehr konstruktivistischer und funktionalistischer Ordnungsversuche der Wirtschaft. Die soziologische Richtung der Nationalökonomie mit Werner Sombart und Max Weber an der Spitze. Othmar Spanns und Walter Heinrichs „universalistische" oder „ganzheitliche" Schule, die das am meisten durchgearbeitete System der konservativen Wirtschaftstheorie bisher geliefert hat. Die „institutionelle" Richtung, die vor allem in den USA vertreten ist (Th. Veblen, J. K. Galbraith). Die auf J. M. Keynes zurückgehende, jedoch weiterentwickelte „strukturanalytische" Schule mit ihrer Input-Output-Rechnung (W. Leontief). Die kulturmorphologische Schule (E. Egner, B. Laum, F. Perroux), die grundlegende Einsichten in nichtmonetäre Transaktionen (Stichwort: „Schenkende Wirtschaft") gebracht hat. Die ökologische Richtung mit der Lehre von den „sozialen Kosten" (W. K. Kapp). Die „gemeinwirtschaftliche Schule" mit der Untersuchung von Kommunalbetrieben (G. Weisser, H. Ritschl). Die „Raumwirtschaftslehre" mit ihrer Betonung von Standortfaktoren und „zentralen Orten" (A. Lösch). Ganz allgemein läßt sich sagen, daß Autoren, die sich intensiv mit Spezialfragen und wirtschaftspolitischen Problemen befassen (z. B. Internationale Organisationen, Währungs- und Kreditpolitik, Agrarpolitik, Marketing, Unternehmungsführung, Haushaltswirtschaft usw.), allein schon vom Sachgehalt ihrer Arbeiten her sich vielfach konservativen Auffassungen nähern. So verfügt etwa die Betriebswirtschaftslehre über ihre eigene konservative Tradition, die sie heute ganz bewußt und mit äußerster Schärfe der auf der neoklassischen Mikroökonomie fußenden Privatwirtschaftslehre (E. Gutenberg) gegenüberstellt (H. Nicklisch, K. Oberparleiter, E. Schäfer, F. Schönpflug, J. Kolbinger, R. Fürst, R.-

B. Schmidt, H. Ulrich, H. A. Simon). Ähnliches ließe sich wohl aus jedem Teilgebiet der Wirtschaftswissenschaft berichten.

Paradigmenwechsel?

Durch ihre ganz bewußte Unterordnung unter die geistig-kulturell-sittlichen Dimensionen der Gesellschaft stellt sich die konservative Wirtschaftsauffassung der wichtigsten Aufgabe unserer Zeit: der „Versittlichung" von Wirtschaft und Gesellschaft oder, um es mit den Worten von Johannes Paul II. auszudrücken, der „Überwindung der Strukturen der Sünde", zu denen der Liberalismus und die liberalkapitalistische Marktwirtschaft samt der sie begleitenden neoklassischen Theorie zweifellos gehören.[26] Im Westen ist sie weithin herrschend geworden, ihre geistigen Wurzeln hat diese Struktur in der Aufklärungsphilosophie. Auf den Denkeinstellungen der „Aufklärung" (Verneinung der Transzendenz, Nichtunterscheidung von Sein und Seiendem, Ablehnung jeder Metaphysik), ihren Denkmustern (Individualismus, Hedonismus, Utilitarismus, Rationalismus) und ihren Denkmethoden (naturwissenschaftlich-technisch-mathematisches Verfahren: Positivismus, kritischer Rationalismus) beruht die „Krise der Neuzeit"[27] mit ihren geradezu lebensbedrohenden Zerstörungen und reduzierten Zukunftserwartungen.[28]

---

26 Johannes Paul II. benennt als „Strukturen der Sünde" für den Westen den liberalistischen Kapitalismus und für den Osten das „System, das sich am marxistischen Kollektivismus orientiert". Vgl. Enzyklika SRS (FN 6), n. 20.

27 Für die Aufhellung der geistigen Hintergründe dieser Krise noch immer lesenswert: René Guénon: Die Krise der Neuzeit (franz. La Crise du Monde Moderne), Köln 1950.

28 Aus dem bereits uferlosen Schrifttum seien zwei Hauptwerke hervorgehoben: Bericht an den Präsidenten: „GLOBAL 2000", Frankfurt / M. 1981 (12. Aufl.); World Commission on Environment and Development: Our Common Future (abgek. Brundtland-Bericht), Genf 1989 (12. Aufl.). In beiden Berichten umfangreiche Literaturangaben. Der letztgenannte Bericht klingt wie ein Verzweiflungsschrei (bes. S. Xf). Die Zerrüttung der Umwelt schreitet seit Jahren fort und beschleunigt sich ständig. Effektive Maßnahmen, die geeignet wären, die Entwicklung einzubremsen oder gar zu stoppen, scheitern zumeist an den unterschiedlichen Interessenlagen der einzelnen Länder.

In der Entwicklung der Wirtschaftswissenschaft sind es vier Momente, die auf eine Ablösung der liberalkapitalistischen Marktwirtschaftstheorie hoffen lassen:

1. die ganzheitliche Sicht: Es besteht heute in der Theorie ein Zug zur Totalanalyse, zur Erfassung der allseitigen („interdependenten") Bezogenheit aller Einzelerscheinungen und Nebenerscheinungen des wirtschaftlichen Prozesses, so vor allem die Beachtung ökologischer, landschaftlicher, sozio-kultureller und technischer Aspekte und Folgen von wirtschaftlichen Projekten und Entscheidungen;
2. die Bildung „ganzheitlicher" Institutionen: Schon durch ihre Zusammensetzung schaffen sie die Voraussetzung dafür, daß Projekte oder wirtschaftspolitische Maßnahmen nach allen Seiten und Interessengesichtspunkten hin abgewogen werden (sozialökonomische Räte, sozialpartnerschaftliche Beiräte, Kammern, Körperschaften öffentlichen Rechts usw.);
3. die Entwicklung ganzheitlicher Methoden der Wirtschaftsanalyse: Der Bedarf dieser Institutionen wie auch die ganzheitliche Sicht fordern Methoden, die den Allzusammenhang der einzelnen Wirtschaftszweige und Haushalte sichtbar und die quantitativen Wirkungen von Maßnahmen der Wirtschaftspolitik abschätzbar machen (Volkswirtschaftliche Gesamtrechnung, Systemanalysen, Input-Output-Tabellen u. a. m.);[29]
4. die Abwertung des Ökonomischen: Es treten heute immer mehr Bewegungen auf, welche die Ansprüche der „Industriegesellschaft" in die Schranken weisen (Naturschutz, Greenpeace, biologisch-dynamischer Land- und Gartenbau, Gartenstadtbewegung, Aktion

---

29 Die Nichteinbeziehung des Verzehrs an natürlichen Ressourcen (z.B. Erdöl) oder der Beeinträchtigung der Lebensqualität, ferner die Nichtberücksichtigung von marktvermeidenden Leistungen (z. B. Haushaltsarbeit) in den volkswirtschaftlichen Gesamtrechnungen führen zu falschen Aussagen (etwa über die „Wachstumsrate des Bruttosozialprodukts"), Fehlschlüssen und Fehlmaßnahmen. Zum Teil werden solche Rechnungen angestellt, um Projekte plausibel zu machen, die auf Widerstand stoßen. Die Rede ist dann von „Umwegrentabilität" (z.B. von „Weltausstellungen"), „Spin-off-Effekten (bei der Raumfahrt und Rüstung). Intangible Kosten bleiben dabei meist unberücksichtigt, im Gegensatz zu den intangiblen Erträgen.

ziviler Ungehorsam, Besetzung von Kraftwerksbaugelände, Verhinderung von Straßenprojekten, Bürgerinitiativen u.v.a.). Solche Bewegungen sind Symptome dafür, daß immaterielle, soziale und kulturelle Werte wie Gesundheit, Lebensqualität, „Selbstverwirklichung", persönliche Freiheit und Würde gegenüber Einkommen und Konsum von materiellen Gütern an Bedeutung gewinnen.[30]

Im gleichen Ausmaß, in dem diese konservativ-ganzheitlichen Denkweisen und Methoden sich durchsetzen, verdrängen sie „Marktwirtschaft" und Neoklassik. Der Paradigmenwechsel, von der „Aufklärung" zum „Konservativismus", scheint sich langsam zu vollziehen. Wie lange der Prozeß der Ablösung dauern und von welchen Rückschlägen er betroffen werden wird, kann heute niemand sagen. Eines aber wissen wir ganz sicher: „Aufklärung" und Liberalismus, konsequent zu Ende gedacht, führen zu Chaos und Anarchie,[31] zur Zerstö-

---

30 Vgl. K. Lehmann: Gesellschaftlicher Wandel und Weitergabe des Glaubens, Bonn 1989, S. 8.

31 Sobald nicht Gott, sondern der „Mensch das Maß aller Dinge" ist, führt der Weg, einem Diktum F. Grillparzers zufolge, „von der Humanität über die Nationalität zur Bestialität". Der Emanzipation von Gott entspricht die Emanzipation des Menschen von (den „Zwängen") der Gemeinschaft, die Auflösung der Familie, das Absterben des Staates, die klassenlose und herrschaftsfreie Gesellschaft, die Anarchie. Geistesgeschichtlich konsequent folgten auf Rousseau Feuerbach, Marx, Bakunin und Kropotkin. Radikal gedacht, endet aller Liberalismus in Anarchismus. Dazu: K. Muhs: Die Geschichte des abendländischen Geistes, Berlin 1950, insbes. Bd. 2, Kap. VII: „Die Doktrin der Anarchie", S. 283ff. Das Ziel der Anarchie, die „herrschaftslose Gesellschaft", findet sich heute in allen „emanzipatorischen" Bewegungen der Gegenwart, so bei den „Grün-Alternativen", den „Basisdemokraten", den „Feministinnen", den „Revolutionären Marxisten", Kommunisten und Sozialisten. Ebenso bei den Liberalen (A. Rüstow), Linksliberalen und Sozialdemokraten. Die Umsetzung folgt der „Strategie des Kulturkampfes", von der vor allem Schulen, Universitäten, Kirchen, Massenmedien, Kunst und Unterhaltungsindustrie betroffen sind. Ausführlich behandelt in: F. Romig: Der neue Kulturkampf – zur Strategie der Linken: Die „Revolution ohne Revolution", in: Neue Ordnung, H. 4–6, Graz 1988.

rung der Natur,[32] zur Auflösung der Ordnungen und letzten Endes zur „Abschaffung des Menschen".[33, 34]

---

32 Vgl. F. Romig: Erwin Chargaff: Ein Monument des Widerstandes gegen die Dehumanisierung der Welt – eine Hommage, in: Neue Ordnung, H. 4, Graz 1989, S. 9f: Naturwissenschaft erforscht nicht die Natur, sie sprengt sie; sie löst keine Probleme, sie schafft sie. Dem Wissenschaftsbetrieb geht es nicht ums Wissen, sondern ums Geld. Hauptfunktion der Wissenschaft ist die Schaffung und Erhaltung von Arbeitsplätzen für Wissenschaftler, die von den Universitäten ohne Rücksicht auf den Bedarf produziert werden. Die Wissenschaft wurde zu einer Ersatzreligion hochstilisiert, Forscher zu Quasi-Priestern geweiht, die Frage nach dem Sinn ihrer Tätigkeit, „und bestünde diese auch nur darin, eine Gesteinsprobe vom Mars zu holen", gilt als Tabubruch und Sakrileg. Eine kräftige Lobby sorgt dafür, daß dem Staat immer größere Geldmittel entrissen werden, die der Selbsterhaltung der Forschungsindustrie und ihrem krebsartigen Wachstum dienen. Zusammen mit der von ihr getriebenen Industrie ist sie dabei, die Erde unbewohnbar zu machen und alles Leben auszulöschen. Sie ist zur größten Bedrohung der Menschheit geworden. Sie entstammt dem Ungeist der „Aufklärung", der dafür gesorgt hat, daß „seit fast zweihundert Jahren ein Frösteln durch die Welt geht" (Warnungstafeln, Stuttgart 1982, S. 184). Ganz in diesem Sinn auch P. Feyerabend: a. a. O. (FN 11): dort reichliche Literaturangaben.

33 J. Kardinal Ratzinger: Wider die Abschaffung des Menschen – Antwort zur Krise der Werte und der Moral, in: DIE PRESSE, Beilage Spectrum, Wien 5./ 6. Dezember 1987, S. 1: „Der Prozeß, der… den Menschen zerstören wird, spielt sich unter Kommunisten und Demokraten ebenso auffällig ab wie unter Faschisten… Die entgegengesetztesten modernen Weltanschauungen haben den Ausgangspunkt der Leugnung des natürlichen Sittengesetzes und der Reduktion der Welt auf ‚bloße' Tatsachen gemein… Es herrscht das Kalkül und es herrscht die Macht. Die Moral ist abgetreten, und der Mensch ist abgetreten." Ähnlich F. H. Tenbruck: Die unbewältigten Sozialwissenschaften oder Die Abschaffung des Menschen, Reihe „Zukunft und Herkunft", Bd. 2, Graz 1984, Abschnitt „Über die Abschaffung des Menschen", S. 230ff.

34 Die vorgetragene konservative Wirtschaftsauffassung steht in engster Verbindung mit dem konservativen Bild vom Menschen. Vgl. F. Romig: Das Wesen des Konservatismus, in: CRITICÓN, H. 119, München 1990, S. 135ff.

Globalisierung oder „geschlossener Handelsstaat"?

„Warum soll der Bürger den Staat bejahen, wenn dieser die Existenzgrundlage des Bürgers, seinen Arbeitsplatz, nicht schützt?" – eine Frage von außerordentlicher Sprengkraft, die der Harvard-Ökonomieprofessor und ehemalige Secretary of Labor in Clintons Regierung, Robert Reich, vor gar nicht langer Zeit aufgeworfen hat.

In den Davoser Wirtschaftsgesprächen im Frühjahr 1996 bildeten die destruktiven Wirkungen einer Kombination von Globalisierung, technologischer Innovation und Produktionsverlagerung auf Beschäftigung und soziale Situation in den westlichen Industrieländern das Hauptthema. Heute gingen ja nicht nur Arbeitsplätze mit niedriger, sondern sogar mit hoher Wertschöpfung, also High-tech-Arbeitsplätze, verloren. Selbst der Mittelstand der hochqualifizierten Techniker werde jetzt zum Opferlamm des Globalisierungsprozesses Die Wirtschaftsstandorte in den westeuropäischen Industrieländern könnten nur noch durch fortgesetzte Kostensenkung, Arbeitsplatzabbau, durch Rationalisierungen und Kürzungen der Sozialhilfen gehalten werden. Die Verlagerung der Produktion an kostengünstigere Standorte führe in manchen westlichen Industrieländern zum millionenfachen Verlust von Arbeitsplätzen und zum Zerreißen der sozialen Netze. Das erschüttere zutiefst das Vertrauen der Bürger in das politische Establishment, so der Bericht über Davos.

Zu glauben, man könne die desaströse Entwicklung durch verbesserte Aus- und Weiterbildung der Arbeitskräfte, mehr Forschung und Entwicklung sowie Investionsanreize aufhalten, erscheint neuerdings als Illusion. Nichts nämlich ist heute einfacher, als die Ergebnisse der Forschung im Inland ins Ausland zu übertragen und dort anzuwenden, sollten die Produktionskosten im Ausland niedriger sein. Ganz abgesehen davon werden heute von gewissen Wachstumsindustrien, die einst Domäne Europas waren, mehr Lizenzen im Fernen Osten eingekauft als dorthin vergeben. Die Ausbildung der Arbeitskräfte ist in Japan, Taiwan, Korea, Singapore und sogar in Indien häufig nicht schlechter, sondern sogar besser, disziplinierter und zielgerichteter als in manchen europäischen Ländern, ganz zu schweigen von der Arbeitsintensität. Wir müssen zur Kenntnis nehmen, daß durch die Globalisierung sich heute alle Länder auf die Zehenspitzen stellen. Wir leben ja heute, meinte der SPD-nahe Wissenschaftler Horst Afheldt im *vorwärts* (1/ 96), bereits in einer „Hochhüpf-Gesellschaft", in der jede die andere noch zu übertreffen suche, und das könne keine auf Dauer durchhalten. Früher oder später landen dann eben doch viele trotz guter Ausbildung auf der „Müllhalde der Arbeitslosigkeit", denn vergessen wir nicht, in vielen östlichen und fernöstlichen Ländern ist „Arbeit billiger wie Dreck". Lohnkosten von einem Zehntel oder einem Zwanzigstel der in Deutschland oder Österreich bezahlten Tarife sind dort keine Seltenheit.

Das liberale Ordnungsmodell einer prinzipiellen Interessenharmonie von Großunternehmen und Staat ist im Zuge der Globalisierung zerbrochen. Die großen Unternehmungen haben die Grenzen überwunden, sie haben sich zu global produktiven und wertschöpfenden Netzwerken entwickelt, die die Input-Faktoren (Arbeit, Rohstoffe, Energie, Kapitalkosten, Infrastruktur) für jede einzelne Erzeugniskomponente weltweit optimieren und die Produktion dorthin verlagern, wo sie am billigsten ist. Der national begrenzte Raum (einst Bedingung für die Anwendung der neoliberalen Wirtschaftspolitik!) wird von globalen Allokationskalkülen überwunden. Die politischen Entscheidungsträger haben auf dem Gebiete der Wirtschafts-, Beschäftigungs- und Sozialpolitik nur noch marginalen Spielraum.

Die Glieder der Weltwirtschaft sind nicht mehr die unterschiedlichen „Volkswirtschaften", die nach komparativen Kostenvorteilen arbeitsteilig zusammenarbeiten. Arbeitsteilung nach komparativen Kostenvorteilen setzt Grenzen voraus. Die Globalisierung löst alle Grenzen auf, und damit verschwindet auch die „Arbeitsteilung" zwischen den Ländern. Jede Produktion wandert zum Ort der billigsten Produktionsfaktoren. Selbst kulturelle Eigentümlichkeiten („Identitäten") verschwinden mit atemberaubender Geschwindigkeit. „Das Volk", als eine politisch durch seine Regierung handelnde Einheit, tritt völlig zurück. An seine Stelle tritt die „World Trade Organization" des Weltmarkts und der Weltwirtschaft. Entsprechend beziehen sich die Loyalitäten der Unternehmensleiter nicht mehr auf nationale Räume, sondern auf das transnationale Unternehmen selbst, auf den Erhalt des internationalen Konzerns. Es gibt keinen nationalen Konsens mehr zwischen Großunternehmungen und dem Staat, dem an der Entwicklung der Volkswirtschaft und der Beschäftigung liegt. Eine „Volkswirtschaft" im hergebrachten Sinne gibt es nicht mehr!

Die westlichen Industrieländer können sich ihre Attraktivität als international konkurrenzfähiger Wirtschaftsstandort nur noch „erkaufen" durch Senkung des Wohlstandsniveaus, Senkung der Löhne („Lohnraub" nennen es jetzt die europäischen Gewerkschaften), längere und flexiblere Arbeitszeiten, schlechtere Arbeitsbedingungen, Verminderung der Sozialleistungen. Die staatliche Politik muß sich notgedrungen darauf beschränken, dafür zu sorgen, daß die Anpassung nach unten in halbwegs geordneten Bahnen verläuft und die sozialen Turbulenzen niedergehalten werden.

Doch, so Afheldt, es nützt nichts, von einem 100%igen Sozialstaat zu einem 80%igen Sozialstaat zu werden, denn der ist im Wettbewerb mit einem 40 oder gar 20%igen Sozialstaat verloren. Wenn wir die Marktwirtschaft zu Ende denken, dann „werden wir uns zu einem Asozialstaat wandeln müssen".

Auf der Frühjahrstagung 1996 der österreichischen Sozialethiker erwähnte der Nestor der katholischen Soziallehre, P. J. Schasching SJ, daß der Papst in jüngster Zeit immer öfter und nachdrücklicher „das Recht auf Arbeit" als unverzichtbares soziales Menschenrecht einmahne. Auf die Fragen, wer denn diesen Rechtsanspruch einzulösen habe, angesichts der Globalisierung der Märkte könnten es ja wohl Unternehmen und Staaten nicht sein, blieb Schasching eine schlüssige Antwort schuldig. Vor der ihm vorgehaltenen Konsequenz, daß die Einlösung des Rechts auf Arbeit das Ende der Globalisierung und so etwas wie Fichtes „geschlossenen Handelstaat" mit Beschäftigungsgarantie und Berufslenkung erfordere, scheute er zurück. Aus Mangel an konsequentem Weiterdenken und logischen Schlußfolgerungen bleiben viele gutgemeinte Forderungen der Vertreter der Katholischen Soziallehre bloß pastorales „Geräusch" (H. Büchele SJ).

Die im Titel angesprochene Grundentscheidung, „Globalisierung oder geschlossener Handelsstaat?", ist unausweichlich. Sie ist für den Staat so existentiell wie die Bejahung oder Verneinung der Existenz

Gottes für die Moral und die persönliche Lebensführung. Das „Recht auf Arbeit" oder die von Robert Reich geforderte Existenzsicherung der Bürger ist nicht realisierbar, und das muß jedem logisch Denkenden klar sein, ohne die „Schließung des Handelsstaates". Das hat Fichte vor rund 200 Jahren gezeigt, und seine Argumente wirken heute genauso überzeugend wie damals. Vernunftwahrheiten ändern sich nämlich nicht, sehr zum Unterschied von Tatsachenwahrheiten, die auf empirischen Fakten beruhen, welche von Ort zu Ort und Zeit zu Zeit verschieden sind und sich ständig wandeln.

Fichte argumentiert streng systematisch. Seine Schrift „Der geschlossene Handelsstaat" (1800), die er „einen philosophischen Entwurf als Anhang zur Rechtslehre und Probe einer künftig zu liefernden Politik" nennt, gliedert er in drei „Bücher". Das erste leitet er gleich mit der Frage ein, „was denn in Ansehung des Handelsverkehrs im Vernunftstaate rechtens sei", es behandelt also die „Wirtschaftsphilosophie" oder „Norm"; das zweite läßt sich als „empirischer Teil" bezeichnen, es enthält eine Analyse des Handelsverkehrs in den gegenwärtig wirklichen Staaten; das dritte Buch handelt von der „Wirtschaftspolitik": hier werden die zu ergreifenden Maßnahmen beschrieben, durch die „der Handelsverkehr eines bestehenden Staates in die von der Vernunft geforderte Verfassung zu bringen sei, oder von der Schließung des Handelsstaates". Wenigstens in kurzen Strichen sei die Argumentation vorgeführt.

Recht und Ordnung kann nur der Staat, der Souverän, begründen. Der Staat ist nötig, um eine unbestimmte Menge an Menschen (die „Bevölkerung", das „Volk") zu einer Alleinheit zu vereinigen, zu einem geschlossenen Ganzen. In diesem Ganzen möchte jeder so angenehm als nur möglich leben, und darauf haben auch alle gleiche Rechte. Das Leben wird ermöglicht durch Tätigkeit oder Arbeit. Der Staat hat daher das Recht jedes einzelnen auf Tätigkeit zu gewähren und zu schützen, damit dieser leben kann. Das Eigentum, in das der Staat jeden einzusetzen hat, besteht im Recht auf eine jeden anderen ausschließende Tätigkeit. (Anm.: Nicht im Recht auf eine Sache! Auch das Eigentumsrecht an Grund und Boden schließt jeden anderen als den Besitzer von einer Tätigkeit auf dessen Grund und Boden aus.) Nur wem eine eigene Sphäre für seine Tätigkeit, von der er leben kann, eingeräumt ward, hat das Notwendige zu eigen erhalten. Wer nichts zu eigen erhalten hat, der hat auch auf nichts Verzicht geleistet und kann daher tun und lassen, was er will, er ist ungebunden. Eigentum entsteht ja erst aus der Verzichtleistung der anderen: „Enthalte dich meiner Tätigkeit, dann will ich mich der deinigen enthalten." Jeder, der die Freiheit eines anderen einschränkt, muß sich gleiches durch den anderen gefallen lassen. Die Gleichheit der Beschränkung liegt im Rechtssatz. Nur gegen die Erlangung seines Anteils und um diesen ungestört gebrauchen zu können, tut einer Verzicht auf den Anteil aller übrigen. Es ist sonach einsichtig, daß jeder arbeitsfähige Einwohner (Familienerhalter) im Staate ein ausschließendes Eigentum erhalten muß, weil man ihn sonst nicht binden kann, das Eigentum anderer anzuerkennen.

Dieses Eigentum, also das Recht auf eine ausschließende Tätigkeit oder „Arbeit", kann ihm aber nur der Staat geben (Verträge, die einzelne Bürger untereinander schließen, binden ja nicht Dritte). Der Staat hat daher die Menge der für das Leben der Einwohner notwendigen Tätigkeiten („Arbeit") auf die Familienerhalter so aufzuteilen, daß jeder davon gleich angenehm leben kann. Kann, nicht muß. Denn es muß am Menschen selbst, seinem Arbeitswillen, seinem Fleiß und seiner Kunstfertigkeit liegen, wenn einer angenehmer lebt als der andere.

Der Staat geht also vom Verbrauch (dem Konsum) aus und stellt die hierzu notwendigen Leistungen der einzelnen Wirtschaftszweige fest (heute haben wir dazu die Input-Output-Tafeln). Er teilt die Arbeit so auf, daß jeder Familienerhalter einen ausreichenden Anteil erhält und von seiner Arbeit leben kann.

Zu meinen, „das regele sich alles von selbst, jeder wird immer irgendwie zu Arbeit und Brot kommen, ist einer rechtlichen Verfassung durchaus unanständig". Überläßt der Staat einzelne Volksklassen dem Ohngefähr, so sind diese in jeder Rücksicht frei. Bei der völligen Unsicherheit, in der sie sich befinden, bevorteilen und berauben sie – zwar nennt man es nicht Raub, sondern Gewinn – so lange und so gut sie es nur können diejenigen, welche hinwiederum sie bevorteilen und berauben, solange sie dazu in der Lage sind. So entsteht ein endloser Krieg aller gegen alle, der um so heftiger, gefährlicher und ungerechter wird, je mehr die Welt bevölkert, je mehr der Handelsstaat vergrößert („globalisiert") und die in Umlauf kommende Ware vermehrt wird. Der

Käufer versucht dem Verkäufer die Ware abzudrücken: darum fordert er die Freiheit des Handels, die starke Konkurrenz der Produzenten und Handelsleute. Er nötigt den Produzenten, ihm die Ware um jeden Preis (heute würden wir sagen: zu „Grenzkosten" oder wenig mehr) abzugeben. Gelingt ihm dies, verarmt der Produzent, Arbeiter und fleißige Familien (wie etwa unsere Bauern) verkommen. Dagegen wehren sich die Verkäufer, meist durch Verminderung der Qualität der Produkte (man denke nur an die Hormonbeigabe in Schweinemastbetrieben), Produktionseinschränkungen und Verknappungen. Der Käufer läuft dann Gefahr, das Gewohnte entbehren zu müssen, oder er erhält nicht, womit er rechnen durfte. Jeder fühlt sich betrogen, keiner kann seiner Existenz sicher sein, alle sind frei, sich gegenseitig zugrunde zu richten. Der Prozeß der Verarmung zehrt das Kapital der Nation auf, schließlich verkauft der Staat seine Selbständigkeit („Privatisierung") und macht sich zum Mittel („Vasall") eines anderen, des stärkeren Staates.

Die Unsicherheit im Inneren der Staaten greift alsbald auf ihre äußeren Beziehungen über. Jeder Staat setzt Maßnahmen, durch die er andere Staaten schädigt. Er versucht, seine Ausfuhr durch Prämien zu vermehren. Das hat zur Folge, daß die Weltmarktpreise sinken und die Produzenten anderer Staaten weniger Einkommen erzielen (Anm.: So ruinierten z. B. die amerikanischen Getreidesubventionen die Farmer in Australien). Jeder Staat trachtet daher, die Einfuhr möglichst einzuschränken, und bringt dadurch die Exportländer in Schwierigkeiten. Er unternimmt es, die Verarbeitung der Rohstoffe ins Land zu ziehen und die inländische Produktion durch Subventionen und Sonderbegünstigungen (Ansiedlungsbeiträge, Investitionshilfen, Infrastrukturinvestitionen, Steuerbefreiungen usw.) zu fördern. Jeder Staat ergreift die gleichen Maßregeln, denn „von jeher haben in allen polizierten Staaten Fabrikanten, deren Werkstätten aus Mangel an Absatz oder an rohen Stoffen plötzlich stillstehen mußten,... im dunklen Gefühl ihres Rechts sich an die Regierungen gewandt, und von jeher haben diese die Klage nicht abgewiesen, als für sie nicht gehörig, sondern Rat geschafft, so gut sie es vermochten, im dunklen Gefühl ihrer Pflicht und in der klaren Aussicht auf die Gefahr eines Aufruhrs von Volkshaufen, denen die äußerste Gefahr (Anm.: die Gefährdung der Existenz) nichts übrig läßt, das sie zu schonen hätten".

Zwischen den Staaten entsteht durch solche Maßregeln eine feindselige Tendenz. Druck bis hin zu Erpressungen wird ausgeübt, wenn nicht gar militärisch interveniert wird (Anm.: z. B. Stationierung amerikanischer Truppen in den Ölländern, um die Öllieferungen sicherzustellen). Nicht selten war das steigende Handelsinteresse die Ursache von Kriegen, denen man einen anderen Vorwand gab. Aber auch ohne diese äußersten Entwicklungen treten durch die Maßregeln einer unvollständigen Beschränkung des Handelsverkehrs schwere Nachteile auf. Jeder fühlt sich durch die Beschränkungen benachteiligt oder durch Begünstigungen, die nicht er, sondern ein anderer (Produzent) erhält, übervorteilt. Es entstehen Neid und Zwietracht, aber auch Mißtrauen gegen die Regierung. Der Betrug gegen die Regierung hört in der Meinung des Volkes auf, ein Vergehen zu sein und wird zur moralisch erlaubten Selbstverteidigung gegen den allgemeinen Feind. Wer die Sitte der Defraudation und Steuerhinterziehung nicht mitmacht, dem wird es bald unmöglich, sein Gewerbe zu betreiben.

Gegen diese Feindseligkeiten greift nun wiederum die Regierung zu immer härteren Gegenmitteln. Sie betrachtet bald alle Bürger des Landes als ein Volk von Betrügern. Überall werden Durchsuchungen vorgenommen, die Denunziation wird durch Belohnung aufgemuntert, der List und Lüge der Bürger wird die neue List und Lüge der Beamten entgegengesetzt. Die Verwaltung wird aufgebläht, die Steuerlast immer drückender, die Staaten ziehen an Abgaben ein, soviel sie nur können, und doch laufen ihnen die Ausgaben davon (Folgen: Inflation, Zwangssparen, kalte Enteignung). Es entsteht Haß gegen die Regierung, bis endlich die unvollständige Schließung zur völligen Zerrüttung des Staates geführt hat.

Fichte fordert daher eine systematische und wohlgeordnete Politik zur Schließung des Handelsstaates. Ihr erstes und vorrangiges Mittel ist die „Außerkraftsetzung des Weltgeldes" (= Aufhebung der Konvertibilität), damit der Staat seine volle Währungshoheit zurückgewinnt (also genau das Gegenteil einer Währungsunion). Der Staat allein ist für den Zahlungsverkehr mit dem Ausland zuständig, denn „schließen" heißt ja, allen unmittelbaren Handels- und Zahlungsverkehr des Bürgers mit

dem Ausland zu unterbinden. Den Bürgern werden ihre Auslandsforderungen in Landesgeld abgelöst, die Guthaben der Ausländer im Inland mit Weltgeld bezahlt. Die Regierung hat den Wert des Landesgeldes für alle Zeiten zu garantieren und daher Geldumlauf und Warenmenge aufeinander abzustimmen und auf jede Geldvermehrung um ihres eigenen (der Regierung) Vorteils willen (= deficit spending) zu verzichten. Einfuhr und Ausfuhr von Gütern sind Sache des Staates (Bewilligungspflicht). Soweit nur möglich, sind die eingeführten Güter
durch Ermunterung ihrer inländischen Produktion zu ersetzen. Gleichermaßen sind die Ausfuhren zurückzunehmen und die hierzu eingesetzten Produktionskapazitäten auf den inländischen Bedarf hinzulenken. Planmäßig hat die Regierung auf das Ziel hinzuarbeiten, das alles,
was im Inland gebraucht wird, auch hier erarbeitet wird, und das alles,
was im Inland erarbeitet, auch im Inland gebraucht und verkauft wird.
Nur dort, wo es von der Natur her unübersteigbare Grenzen gibt (bei
Rohstoff- und Energievorkommen oder aus klimatischen Bedingungen), ist an die Beibehaltung des Außenhandels, jedoch nur im Rahmen
von langfristigen Handelsverträgen (z. B. Kompensationsabkommen)
zu denken. Die Regierung ziehe „um jeden Preis große Köpfe in den
praktischen Wissenschaften, erfindende Chemiker, Physiker, Mechaniker, Künstler und Fabrikanten an sich. Sie bezahle wie keine andere
Regierung kann, so werde man sich drängen, ihr zu dienen", sie scheue
keinen Aufwand und unterlasse keinen Versuch, um die eigene Produktion zu befördern und die ausländische zu ersetzen.

Wie der Staat sich nach außen schließt, so schließe der Staat auch die
einzelnen Produktionszweige in seinem Inneren, er sorge für das
Gleichgewicht zwischen ihnen und ihre wohlabgewogene Entwicklung. (de Gaulle zum Ziel der Planification à la française: „Der
Marschtritt der Wirtschaft muß gemeinsam und ihr Aufstieg methodisch sein.") Jeder, der ein Gewerbe betreibt und eine Tätigkeit ausübt,
muß sicher sein, daß seine Leistung zu angemessenen Preisen Absatz
findet. Der Staat reguliere daher nicht nur den Zugang zum Gewerbe
(Gewerbeordnung), sondern auch die Preise und Löhne (Preis- und
Lohnregelung). Der Staat sollte jeden, der sich ankündigt, ein Gewerbe
treiben zu wollen, durch Kunstverständige prüfen (Meisterprüfung),
damit er seine Leistungen und Produkte in der im Lande üblichen Voll

kommenheit (Qualität) abliefert. Zu fragen, warum soll ich nicht die Ware in derjenigen Qualität erhalten, in der sie in einem anderen Land erzeugt wird, heißt fragen: Warum bin ich nicht Einwohner dieses anderen Landes? (Wenn ein Land seine Hemdenschneiderei nach Hongkong verlegt, schneidet es sich selbst einen Arm ab, es „dismembriert" seinen „Wirtschaftskörper": Mit der Hemdenfertigung verschwindet auf Dauer ein Teil der Textilindustrie mit allen Vor-, Seiten- und Nacherzeugungszweigen.)

Nur durch Schließung des Handelsstaates kann der Staat die Existenz seiner Bürger auf Dauer sichern und damit Gerechtigkeit, Ordnung und inneren Frieden gewährleisten. Kein Staat, der auf Absatz im Ausland rechnet und auf diese Rechnung hin die Industrie ermuntert hat, kann seinen Bürgern und Produzenten die Fortdauer dieses Absatzes sichern. Und ebensowenig kann ein inländischer Produzent seines Absatzes im Inland sicher sein, wenn es erlaubt bleibt, sein Fabrikat in unbestimmter Menge aus dem Ausland einzuführen. Durch solche Politik treten auf Dauer nur Unsicherheit und Verarmung ein. Sichert der Staat aber durch die Schließung des Handels die Existenz seiner Bürger, dann werden diese ihr Vaterland, seine Lebensart, Sitten, Gebräuche und Einrichtungen auch wieder mit aller Anhänglichkeit lieben. So aber, wie die Dinge jetzt liegen, sind wir in dem Bestreben, überall zu Hause zu sein, nirgends zu Hause und nichts ganz und recht geworden.

Soweit Fichte, dessen Gedankenreichtum im obigen Abriß nur dürftig zum Ausdruck kommt. Doch sollte er bei jenen, die noch hören und denken können, genügen, um aus der Besinnungslosigkeit zu erwachen, in die eine Politik geführt hat, die vor lauter „Integration" von Volk und Staat nichts mehr übrigläßt. Erst mit der Zerstörung des Staates entsteht ja jene reine, radikal-kapitalistische „Welthandelsgesellschaft", die kein anderes Ziel mehr kennt als Profit, Kapitalakkumulation und Macht. Auf der Strecke bleiben Mensch, Nation, Kultur und Umwelt. „Der Mensch", meint Fichte, „soll ja nicht arbeiten wie ein Lasttier", zitternd um seinen Arbeitsplatz und seine Existenz, „sondern angstlos, mit Lust und Freudigkeit und sein Auge frei zum Himmel erheben, zu dessen Anblick er gebildet ist."

Es ist Zeit, das ABC der Wirtschaftspolitik wiederzuerlernen. Für ein Europa der Vaterländer (anstelle der Chimäre „Europäischer Bundesstaat") ist Fichte nicht der schlechteste Lehrmeister![1]

---

1   Wie eine praxisnahe, den heutigen Zeitumständen angepaßte Wirtschaftspolitik im Geiste Fichtes zu gestalten ist, darüber unterrichtet das bereits „klassisch" zu nennende Werk von W. Heinrich: Wirtschaftspolitik, 2 Bde., 2. Aufl., Berlin 1964–67.

Der Deutsche Idealismus,
die Philosophie der Deutschen

Zusammenfassung: *Der Deutsche Idealismus ist die Philosophie der Deutschen. Deutscher zu sein, ist keine Frage der Staatsbürgerschaft, sondern geistiger Anspruch. Man kann nicht Deutscher sein, ohne in der Tradition des Deutschen Idealismus zu stehen. Der Deutsche Idealismus unterscheidet sich von der Philosophie der Aufklärung durch seinen Zugang zur Metaphysik, zum Numinosen oder „Heiligen". Gemeinschaft, Volk und Staat sind für ihn Lebenswirklichkeiten, die im Sittlichen und Religiösen wurzeln. Ohne Rückbesinnung auf seine geistige Heimat, so die These, hat das deutsche Volk keine Zukunft.*

Was heißt Idealismus?

Im Brief vom 13. Oktober 1796 an seinen Bruder schreibt Hölderlin: „Philosophie mußt Du studieren, und wenn Du nicht mehr Geld hättest, um eine Lampe und Öl zu kaufen, und nicht mehr Zeit als von Mitternacht bis zum Hahnenschrei!"[1] Woher kommt diese Hochschätzung der Philosophie? Warum genügt es nicht, sich zu sättigen, Reichtum zu erwerben, seine Triebe auszuleben und in der kurzen Zeit der menschlichen Existenz von Genuß zu Genuß zu taumeln? Die Antwort, die Platon, der König unter den Philosophen, uns gibt, ist so einfach wie für viele heute befremdlich: „Aus Sorge für die Seele."[2]

Die Frage, ob wir denn überhaupt eine Seele haben, wäre dem Griechen nicht einmal in den Sinn gekommen. Noch war für ihn und seine Zeit alles, was lebt, auch beseelt, in jedem Strauch, in jedem Baum und jedem Hain war die Seele zu finden, kein Vogel und Fisch war ohne

---

1 Die Briefstelle findet sich angeführt bei E. Heintel: Was kann ich wissen? Was soll ich tun? Was darf ich hoffen? Versuch einer gemeinverständlichen Einführung in das Philosophieren, Wien 1986, S. 10.
2 Vgl. Phaidros 249 a. Wir verwenden die im Verlag Lambert Schneider, Heidelberg (o. J.) erschienene dreibändige Platonausgabe. Die Nummern beziehen sich auf Seiten und Abschnitte der Ausgabe des Henricus Stephanus (1578), nach der Platon allgemein zitiert wird.

sie. Selbst Fluß und Meer, Himmel und Erde, der gesamte Kosmos war ohne Seele nicht zu denken. Der Mensch bildete da keine Ausnahme. Was ihn von Tier und Pflanze unterschied, das war das „Wissen" um seine Seele. Über die bloß das Leben „ernährenden" und äußere Reize „empfindenden", auch Pflanze und Tier eignenden seelischen Vermögen hinaus, besitzt, nach der Auffassung der alten Griechen, die menschliche Seele das Vermögen zu „denken" und zu „erkennen", und sie nennen dieses Vermögen „Vernunft" (logos oder nous). Die Vernunft bezeichnet geradezu Wesen und Eigenart der Spezies „Mensch": Der Mensch ist Vernunftwesen, ein animal rationale.

Die Betätigung der Vernunft, das Denken und Erkennen, ist die dem Menschen und seiner Würde entsprechende Beschäftigung. Sie geht den Dingen auf den „Grund": Erkennen heißt, das hinter den äußeren Erscheinungen, den „Phänomenen" liegende Noumenon, das Numinose oder „Heilige", unzerstörbare und unveränderliche „Wesen" der Dinge zu „entdecken" und zu „ent-bergen". Platon nennt dieses heilige Wesen „Idee". Ihr verdankt der Idealismus seinen Namen, der zugleich Programm ist: das philosophische Bemühen um das Erkennen der hinter und über den Erscheinungen stehenden Ideen.

Die Frucht des philosophischen Bemühens um die Erkenntnis der Ideen ist für die Griechen die Weisheit. Das Streben nach Weisheit – wir nennen es „Philosophie" – ist die eigentliche Bestimmung des Menschen, der Weise ist der von den ewigen Ideen, den „Gedanken Gottes" Erfüllte, „Heilige". Der Heilige ist der Gott Ähnliche: „Die Verähnlichung mit Gott soweit als möglich" ist für Platon die Aufgabe des Menschen.[3] Über zweitausend Jahre später gebraucht Pius XII. für die Beschreibung dieser Aufgabe die gleichen Worte.[4] Hier begegnen wir der Philosophia perennis, der die ewige Wahrheit festhaltenden und doch immer wieder sie aufs neue, in der Sprache der Zeit aussagenden Philosophie.

---

3 Theaitetos 176 b.
4 Pius XII.: Aufbau und Entfaltung des gesellschaftlichen Lebens. Die soziale Summe Pius XII., hrsg. v. A.-F. Utz O. P. und J.-F. Groner, 3 Bde., Freiburg (Schweiz) 1954–61, n. 4088.

Die Sorge um die Seele ist für Platon wichtiger als Reichtumserwerb und sogar Gesundheit. Die Sorge um den Erwerb äußerer Güter, so meint er, stehe der Sorge um Gesundheit nach, denn fehle sie, könnten wir unseren Reichtum nicht einmal genießen. Wichtiger aber noch als die Sorge um unsere Gesundheit sei die Sorge um unsere Seele.[5] Schließlich sei körperliche Gesundheit ein vergängliches Gut, unsere Seele aber sei unsterblich. Nachdem sie sich im Tod vom Leibe getrennt habe, trete sie ihr jenseitiges Schicksal an, und dieses hänge davon ab, wie ihre Lebensführung hier auf Erden war. Hat sie hier schon die ewigen Güter gesucht, so werden ihr diese auch im Jenseits zuteil, und sie wird in deren Anschauung höchstes Glück und Ruhe erlangen; war ihr Streben dagegen auf vergängliche Güter gerichtet, dann wird sie auch im Jenseits keine Ruhe finden, sondern umgetrieben werden von ihrer Sucht, Marter und Qualen leidend.[6] Wer sich um seine Seele sorgt, der führe daher ein „gutes Leben", d. h. ein Leben nach der „Tugend". Das aber wiederum heißt, ein Leben im Streben nach Weisheit, nach den heiligen Ideen des Guten, Schönen, Wahren und Gerechten. Idealistische Philosophie ringt von Anbeginn bis heute in Ethik, Ästhetik, Logik und Soziallehre oder „Politik" um die Erkenntnis dieser höchsten Ideen, und dieses Ringen wird nicht aufhören, solange es Menschen gibt.

Kurze Wirkungsgeschichte des Idealismus

Mag sein, daß in den Augen des Weltenrichters das Griechentum keine andere Aufgabe hatte, als der Welt seine idealistische Philosophie zu schenken und damit die gesamte Menschheit auf eine höhere Stufe zu heben. Jedenfalls ist die Ausstrahlungskraft dieser Philosophie von der Antike bis heute kaum zu überschätzen.

---

5 Gesetze 743f: „Denn während es im Ganzen nur drei Dinge gibt, um die sich jedermann ernstlich bemüht, ist das letzte und dritte die Bemühung um Eigentum, sofern sie richtig betrieben wird; in der Mitte steht die Bemühung für den Leib; die erste ist die für die Seele."
6 Staat 614ff.

Aristoteles, der Meisterschüler Platons, wird zum Lehrer Alexander des Großen (356–323 v. Chr.). Alexander entspricht in vielen Zügen dem Bild des Philosophenkönigs, das Platon in seinem „Staat" zeichnet.[7] Herstellung von Friede und Gerechtigkeit, die in seinem weit ausgreifenden Reich herrschen sollen, ist die Leitidee.

Die Römer werden durch die Griechen kultiviert. Römische Rechts- und Staatsidee sind ohne griechische Philosophie nicht zu denken, Cicero zollt ihr auf Schritt und Tritt Tribut.[8] Der Beitrag der griechischen Philosophie zum Verständnis, zur Interpretation und Ausbreitung des Christentums ist unübersehbar. Evangelisten und Apostel machen sie sich zunutze, die frühen Päpste und Kirchenväter sind, wie vor allem ihre Auseinandersetzung mit den Häretikern und die schließliche Formulierung der Dogmen zeigen, ganz von griechisch-idealistischer Philosophie durchdrungen. Die Scholastik des Mittelalters ist nicht denkbar ohne die Rezeption des Aristoteles. Das in der Tradition des Imperium Romanum neu errichtete Reich mit seiner monarchisch-aristokratisch-hierarchischen und ständischen Gliederung in Lehrstand, Wehrstand und Nährstand kommt, wenn wir dem Urteil Rankes vertrauen dürfen, der Verwirklichung des platonischen Idealstaates nahe.[9] Bis heute bildet die griechisch-idealistische Philosophie, vermittelt durch die Scholastik und den „engelgleichen Lehrer der Kirche", Thomas von Aquin (1226–1274), das Fundament aller großen Theologen, Moralphilosophen und Naturrechtslehrer der Kirche.

---

7   F. Schachermeyr: Alexander der Große. Das Problem seiner Persönlichkeit und seines Wirkens, Wien 1973.

8   Vgl. Marcus Tullius Cicero: Über den Staat (De re publica). Übersetzt und eingeleitet von W. Sontheimer. Reclam-Universal-Bibliothek Nr. 7479, Stuttgart 1980, S. 9f: „In der Gesprächsform ist Cicero dem platonischen ‚Staat' gefolgt; auch in dem Inhalt tauchen überall platonische Gedanken, an einer Stelle eine wörtliche Übersetzung auf."

9   L. v. Ranke: Weltgeschichte (hrsg. v. H. Michael), Bd. 1, Wien 1928, S. 299: „Der platonische Staat ist nicht allein ein vages Ideal;... Ich weiß nicht, ob man nicht behaupten dürfte, daß das dieselben Grundsätze sind, welche, abstrakt verstanden, das Staatswesen begründet haben, das während der Epoche, die man als das Mittelalter bezeichnet, in Europa in voller Geltung gewesen ist, – ...es ist die enge Verbindung zwischen Priestertum und Königtum, welche jahrhundertelang die Welt beherrscht hat."

Und von der Entwicklung der gesamten nachantiken Philosophie selbst bleibt die Einschätzung von Alfred N. Whitehead (1861–1947), selbst Philosoph und Mathematiker von Rang, wohl richtig, sie sei „just a few footenotes to Plato". Vielleicht gibt es keinen besseren Beweis für die ungebrochene Lebenskraft der griechisch-idealistischen Philosophie als den, daß sie heute den USA in einem Bestseller als Medizin empfohlen werden kann, die geeignet sei, den unheilvollen, weil destruktiven Einfluß der freudomarxistischen „German Connection" auf die Universitäten und die amerikanische Kultur einzudämmen. Allan Bloom rät, „die Großen Bücher" wieder zu lesen...[10]

Die große Gegenbewegung gegen den Idealismus: die „Aufklärung"

Der große und mächtige Gegner des Idealismus ist die Philosophie der Aufklärung. Wie die gesamte Menschheitsgeschichte einem ununterbrochenen Kampf zwischen den Heerscharen und Mächten des Guten und Bösen gleicht,[11] so gleicht die Geistesgeschichte einer einzigen Auseinandersetzung zwischen Idealismus und „Aufklärung". Es ist nicht von ohngefähr, daß die Herausbildung der großen Systeme des Idealismus regelmäßig dann geschieht, wenn Aufklärung, kultureller und politischer Verfall, die immer zusammengehen, unerträglich zu werden beginnen. So geschah es jedenfalls zu Platons, Thomas' und Hegels Zeiten. Im antiken Griechenland sind die Vertreter der Aufklärung die „Sophisten" – Protagoras, Gorgias, Hippias, Alkidamas, Lykophron, Antisthenes, Demokrit und nicht zuletzt Perikles, der

---

10 A. Bloom: The Closing of the American Mind, New York 1988, S. 344.

11 Vatikanum II: Pastoralkonstitution über die Kirche in der Welt von heute „Gaudium et spes", Rom 1965, n. 37: „Die ganze Geschichte der Menschheit durchzieht ein harter Kampf gegen die Mächte der Finsternis...". N. 13: „Deshalb stellt sich das ganze Leben der Menschen, das einzelne wie das kollektive, als Kampf dar, und zwar als einen dramatischen, zwischen Gut und Böse, zwischen Licht und Finsternis."

politische Führer der sophistischen Bewegung.[12] Gegen sie kämpft Platon mit seiner ganzen Kraft, fast in allen Dialogen finden sich über weite Strecken schärfste Auseinandersetzungen mit diesen Frühaufklärern, besonders natürlich im „Sophistes", „Protagoras" und „Gorgias". Die Kunst, die die Sophisten beherrschen und lehren, ist die Rhetorik. Zur rhetorischen Meisterschaft hat es gebracht, wer Gesprächspartner, Gericht oder Volksversammlung davon zu überzeugen vermag, daß der Schuldige schuldlos, das Falsche wahr, das Häßliche schön und das Ungerechte gerecht sei oder umgekehrt. So gelang es den Sophisten zu erreichen, daß Sokrates, der geliebte Lehrer Platons und der Gerechteste unter den Athenern, zum Tode verurteilt wurde und den Schierlingsbecher austrinken mußte. Das Todesurteil war die Quittung dafür, daß Sokrates den Politikern vorgeworfen hat, sie wüßten nicht, wovon sie redeten, wenn sie Gerechtigkeit und Gleichheit zugleich versprechen oder Worte wie „das Wohl des Staates und seiner Bürger" in den Mund nehmen. Angemaßte Autorität und Demokratie in Frage zu stellen, war schon damals ein todeswürdiges Verbrechen.

Den Sophisten – Platon nennt sie „Volksschmeichler" – war nichts mehr heilig, Wahrheit wurde zur Ansichtssache, Kunst zur Geschmackssache, Politik zur Machtfrage, Gerechtigkeit zur Frage des Abstimmungsergebnisses. Auf Perikles, immerhin noch dem Schön-

---

12 K. R. Popper, der Spätaufklärer unserer Tage, feiert die Sophisten bezeichnenderweise als die Angehörigen der „Großen Generation" der Griechen (S. 228). Platon dagegen führte den wildesten Angriff auf die liberalen Ideen, den die Geschichte je gekannt hat (S. 127), seine Schriften sind mit Gift gefüllt (S. 73), hinter seiner Idee des königlichen Philosophen steht nichts als sein persönliches Streben nach Macht (S. 212). K. R. Popper: Die offene Gesellschaft und ihre Feinde. Aus dem Engl. übersetzt von P. K. Feyerabend, 2 Bde., Bern 1957. Popper ist unter den zeitgenössischen Philosophen wohl der entschiedenste Feind des philosophischen Idealismus. Vgl. dazu: F. Romig: Neopositivismus und Ganzheitslehre. Eine Auseinandersetzung mit K. Popper, in: J. Hanns Pichler (Hrsg.): Festschrift für Walter Heinrich zum 70. Geburtstag, Graz 1973, S. 79–105. Derselbe: Popper und die Folgen. Eine Philippika angesichts von Politik und Gesellschaft heute, in: DIE PRESSE, Beilage spectrum, Wien 14./15. Juli 1984, S. 1. Noch immer wird der verhängnisvolle Einfluß, den Popper im Zuge der Re-education oder Umerziehung ausgeübt hat, nicht adäquat bewertet. Die in deutschen Landen festzustellenden linksliberalen Tendenzen gehen zum guten Teil auf die Philosophie Poppers zurück.

geistigen zugetan, folgten der Gerber Kleon und die Verurteilung des
Sokrates, der Verfall Athens nahm rasante Formen an, die attische Vor-
herrschaft ward rasch verloren. Platons Staatstheorie entstand zu einem
Zeitpunkt, da die Staatswirklichkeit Athens schon zerbrochen war;
wiederherstellen konnte er sie nicht mehr. Als Darstellung der Prinzipien des gerechten Staates dagegen bleibt Platons Theorie für alle Zeiten gültig, auch als Warnung vor den Folgen der Abkehr von ihren
Grundsätzen.

Die Sophisten des Mittelalters sind die „Nominalisten". Im Kampf
gegen sie entwickelt Thomas von Aquin sein System des Idealismus,
noch einmal den Versuch wagend, die Einheit und Ganzheit von Sein,
Kirche, Gesellschaft, Mensch und Staat in einer großen, wahrhaft uni-
versalistisch zu nennenden Gesamtschau zusammenzufügen, um auf
diese Weise das endgültige Auseinanderbrechen der geistlichen und
weltlichen Gewalten noch zu verhindern. Ein Versuch, der genauso zu
spät kam wie jener Platons. Als Thomas seine „Summen" schrieb,[13]
war die nie wirklich gelungene Synthese zwischen geistlicher und
weltlicher Macht, zwischen Papsttum und Kaisertum bereits endgültig
zerbrochen und das Reich entscheidend geschwächt. Doch im Triumph
der Kirche über das Reich, des Papstes über den Kaiser, witterte Thomas bereits die Gefahr, die der päpstlichen Autorität und der Einheit
der Kirche von innen her drohte. Kirchenspaltung und Reichsauflösung
waren für den doctor angelus aus normannisch-aristokratischem Geblüt ein und dieselbe Sache, Wirkung des gleichen Geistes der Sophi-
stennominalisten, die die metaphysisch-objektive Realität und Substanz der Allgemeinbegriffe oder Ideen und damit die Heiligkeit der Institutionen (Kirche, Staat, Reich) leugneten. Marsilius von Padua
(1275–1343), ein Jahr nach dem Tode des Aquinaten geboren, zog mit
äußerster Schärfe die politischen Konsequenzen aus dieser Leugnung.
Sie münden und gipfeln in der individualistischen Auffassung von Kirche und Staat, die bis heute tonangebend geblieben ist. Sein „Defensor
pacis" (1324) liest sich über weite Strecken wie ein Traktat der „Kir-

---

13 Das war in den Jahren 1265–73. In der deutschen Ausgabe umfaßt die Summa
   theologiae 9 Bände (dtsch. v. C. M. Schneider, erschienen 1886–92).

chenvolk-Begehrer" unserer Tage: Nicht der Papst, sondern ein Konzil aus Geistlichen und Laien soll als oberste Instanz in geistlichen Dingen entscheiden. Der Papst ist nicht der Nachfolger Petri und besitzt keine primatiale Jurisdiktionsgewalt. Wie er gewählt wird, so kann er auch abgesetzt werden. Die Kirche ist die Versammlung der Gläubigen, dieser kommt daher auch das Recht zu, die Kandidaten für kirchliche Weihen zu beurteilen und zur Erhebung in den Priester- oder Bischofsstand zu ermächtigen.

Die gleichen Prinzipien gelten für den Staat: Die Grundlage der staatlichen Herrschaft ist die Volkssouveränität. Dem „legislator humanus", dem aus dem Volk gebildeten menschlichen Gesetzgeber, steht allein das Recht zu, Gesetze zu erlassen, Regierungen zu bestellen und Monarchen zu wählen oder abzusetzen. „Menschlicher Gesetzgeber ist allein die Gesamtheit der Staatsbürger oder deren bedeutsamerer Teil", daher gibt es auch keinen eigenen Rechtsbereich der Kirche als Gemeinschaft menschlichen Rechts oder eine „zweite Gewalt", denn „in jeder Stadt und in jedem Staat darf es nur eine oberste Regierungsgewalt geben".[14] Der menschliche Gesetzgeber ist an eine transzendente Rechtsquelle (z.B. die Zehn Gebote) nicht gebunden: Recht ist nicht vor oder über dem Staat, sondern es wird durch den Staat, d.h. den menschlichen Gesetzgeber, erst geschaffen (Leugnung des Naturrechts).

Wie leicht einzusehen ist, liegen die Wurzeln von Reformation und neuzeitlicher Aufklärung im Nominalismus, der die Sakralität aller Ordnungsformen und Institutionen bestreitet und so jenen Prozeß der Säkularisierung einleitet, der bis zum heutigen Tag andauert.

Was die Reformation betrifft, so ist es wohl nicht zuviel behauptet, wenn man sie als den entscheidenden Einschnitt ansieht, der die neuzeitliche Kultur des Individualismus und der Aufklärung vom mittelalterlichen Universalismus trennt. Luther (1483–1546) gründet seine Lehre allein auf dem Glauben als persönliches Erlebnis (sola fide) und auf der Heiligen Schrift als der einzigen Quelle der Verkündigung (sola

---

14 Marsilius von Padua: Der Verteidiger des Friedens, hrsg. von H. Rausch, Reclam-Universal-Bibliothek Nr. 7964–66, Stuttgart 1971, S. 182ff (Teil III, Kap. II).

scriptura). Zusammen mit der Bestreitung des Weihepriestertums legt er die Axt an den Baum der kirchlichen Autorität, an ihr Sakraments- und Dogmensystem und löst so Glauben und Gläubige aus den Banden der Kirche. Damit leitet er die geistige Emanzipation des Individuums ein, welche die Geschichte der Neuzeit formt und gestaltet.

Der Prozeß immer weitergehenderer Emanzipation oder „Befreiung" aus der Bevormundung des Individuums durch Kirche, Staat und Stand wird zum Inhalt der „Aufklärung", die das „Rote Rad" (Solschenizyn) der Revolution in Bewegung setzt, das seine grausige Blutspur in den kommenden Jahrhunderten durch die Völker legt.

Auf die kürzeste Formel gebracht, verfolgt „Aufklärung" (illumination, enlightenment) als Programm die Loslösung („Emanzipation") des Menschen von Gott und schließlich von jeglicher Autorität unter Rekurs auf die als „mündig" angenommene einzelmenschliche Vernunft.[15] Wie sie Religion und Metaphysik bekämpft, so fördert sie gleichzeitig jede Art von Rationalismus, Naturwissenschaft, Wissenschaftsgläubigkeit und Fortschrittsglauben. Politisch-juristisch-gesellschaftlich-wirtschaftlich fordert sie Freiheit von allen nicht aus dem Nutzen für den einzelnen zu erklärenden Bindungen sowie die Gleichheit aller Staatsbürger vor dem Gesetz und schließlich gleiche Rechte für alles, was Menschenantlitz trägt.[16]

Dementsprechend bedeuten Denken und Erkennen nicht mehr Teilhabe und Innewerdung des Logos der göttlichen Ideen, sondern Empfang von äußeren Eindrücken und Sinnesreizen und ihre Verarbeitung durch den neurophysiologischen Apparat zu subjektiven Vorstellungen

---

15 Vgl. unsere Definition der Aufklärung in: F. Romig: Marktwirtschaft vs. konservative Wirtschaftsauffassung, in: CRITICÓN, H. 121, München 1990, S. 241. Rückblickend erweisen sich Aufklärung und Moderne als Eingang in eine neue selbstverschuldete Form der Entmündigung: Der Rationalismus der Aufklärung endete in höchster Irrationalität, nämlich der Destruktion („Atomzertrümmerung", „Atomgesellschaft", Zellkernzertrümmerung, Genmanipulation), in der Verschwendung („Gesellschaft im Überfluß", Ressourcenverschwendung, Naturzerstörung) und in der Verdinglichung des Menschen („Entfremdung").

16 Vgl. Stichwort „Aufklärung" in: G. Schischkoff (Bearb.): Philosophisches Wörterbuch, 20. Aufl., Stuttgart 1978, S. 45f.

von den Dingen und ihren Beziehungen zueinander. Die Natur war
jetzt kein beseelter Kosmos mehr, dem man nur mit Scheu und Einfüh-
lung nahte, sondern ein toter Mechanismus, der nach immer gleichen
Gesetzen ablief. Sie zwecks Naturbeherrschung und Naturausbeutung
zu entdecken, wurde zum Ziel exakter Wissenschaft („Wissen ist
Macht"). Der Staat wurde nicht mehr als Inbegriff sittlicher Tugenden
und heiliger Gerechtigkeit angesehen, sondern er war allein aus dem
Nutzen, den er seinen einzelnen Bürgern brachte, zu erklären und zu
konstruieren. Doch weil Nutzen und Wohlstand keine Grenzen kennen,
erwies er sich bei einem so konsequenten Denker wie Thomas Hobbes
(1588–1679) sogleich als „Leviathan", der dazu neigt, in alle Bereiche
des Lebens einzugreifen.

Den letzten Bruch mit den Resten der Tradition und der Kultur
vollzog Jean Jacques Rousseau (1712–1778), dessen Werk zum Schib-
boleth jakobinischer Demokratien wurde, die sich im Laufe der Geschichte allenthalben gegen die aus dem englisch-liberalen Geiste
entstandenen demokratischen Formen mehr und mehr durchsetzten.
Rousseau ist nicht nur der Wegbereiter der Französischen Revolution,
sondern, über Karl Marx, auch der kommunistischen Revolutionen in
der ganzen Welt, vor allem aber in Rußland und China, die mit ihren
Hekatomben an Menschenopfern[17] zum unwiderleglichen Beweis der
Gottesverlassenheit des 20. Jahrhunderts wurden. Es gibt gute Gründe,
auch den Nationalsozialismus in diese Traditionslinie, die von Rous-
seau zum Massenmord führt, einzuordnen.[18] Die These Rousseaus: Die
Kultur hat die Sitten verdorben, Privateigentum ist die Erbsünde der
Gesellschaft, Herrschaft ist Beraubung der ursprünglichen Freiheit des
Menschen, daher „zurück zur Natur", Abschaffung des Privateigen-

---

17 Vgl. St. Courtois u. a. (Hrsg.): Das Schwarzbuch des Kommunismus, 4. Aufl.,
    München 1998, S. 16: Dort wird die Zahl der von den kommunistischen Regi-
    men Ermordeten auf hundert Millionen geschätzt.
18 So die These von E. v. Kuehnelt-Leddihn: Die falsch gestellten Weichen. Der
    Rote Faden 1789–1984, Wien 1985, bes. S. 27.

tums und Befreiung von jeder Herrschaft.[19] „L'homme est né libre",[20] er allein darf über sich selbst herrschen, kein anderer. In der Gesellschaft herrscht er zusammen mit allen anderen aufgrund eines „contrat social". Gemäß diesem Vertrag bringt jeder sich selbst und alle seine Rechte „sans réserve" in die Gesellschaft ein und übt sie dort zusammen mit allen anderen aus. Der Contrat social hat eine einzige Klausel. Ihr Inhalt bedeutet „das vollständige Aufgehen des Individuums mit all seinen Rechten in der Gesamtheit. Wie die Natur dem Menschen eine absolute Gewalt über seine Glieder gibt, so übergibt der soziale Vertrag dem Gesellschaftskörper eine absolute Gewalt über die, die ihm angehören."[21] Diese vollständige Hingabe des einzelnen und seine vollkommene Einordnung stehen nicht im Gegensatz zu den ursprünglichen und unveräußerlichen Freiheitsrechten des Individuums, denn diese Unterwerfung vernichtet nicht die Freiheit, sondern der einzelne gewinnt erst durch sie seine bürgerliche und moralische Freiheit, die ihm jetzt alle anderen garantieren, wie er sie ihnen garantiert. Nicht ein einzelner herrscht, sondern Herrschaft wird von allen in gleicher Weise ausgeübt. Bei der Ermittlung des Volkswillens kommt jedem Bürger das gleiche Stimmrecht zu, die Mehrheit entscheidet, und diese Entscheidung ist als Allgemeinwille oder „volonté générale" für alle bindend. La république est une et indivisible, Minderheitsrechte gibt es nicht. Alle Menschen sind gleich, mit den gleichen Rechten und Pflichten geboren. Da bleibt kein Platz für die Vorrechte des Adels oder die Privilegien der Stände, der Kirche und des Klerus. Die Fesseln der bestehenden Bindungen und Vorrechte zu zerschlagen, bedeutet Unrecht zu vernichten: Durch Rousseau wird die Revolution zur sittlichen Pflicht. Wenige Jahre nach Rousseaus Tod wird diese Pflicht von der

---

19 Vgl. die Darstellung und Bewertung Rousseaus bei K. Muhs: Geschichte des abendländischen Geistes. Grundzüge einer Kultursynthese. 2 Bde. Berlin 1950, 1. Bd., S. 459.

20 Jean-Jacques Rousseau: Vom Gesellschaftsvertrag oder Grundsätze des Staatsrechts, hrsg. von H. Brockhard, Reclam-Universal-Bibliothek Nr. 1769, Stuttgart 1977, S. 5.

21 Contrat social, 1. 6: Hier liegen die Wurzeln des sozialistischen Kollektivismus und der totalitären Demokratie. Vgl. dazu auch J. L. Talmon: Die Ursprünge der totalitären Demokratie, Köln – Opladen 1961.

Französischen Revolution erfüllt. Seither rast eine Furie durch die Welt, die im Namen von „Freiheit, Demokratie, Gleichheit und Recht" Kriege und Bürgerkriege anzettelt und von einem Massen-, Klassen- und Völkermord zum anderen fortschreitet. Die acht „G" sind die Mittel zur Durchsetzung von „Vernunft" und „Freiheit" – Guillotine, Galgen, Gaskammern, Genickschüsse, Gefängnisse, Geisteskrankenhäuser, Gulags, Genozide.[22] Rousseau hat die Leidenschaften aufgewühlt, die nicht mehr gebändigt wurden: „Liberté, égalité, fraternité, ou la mort!" Die „bürgerliche" Revolution versackte im Tugendterror und der im Namen von Freiheit und Menschenrechte angerichteten Blutbäder.

Die Hochblüte: der Deutsche Idealismus

Die zahllosen Salons, die geistreichelnden sociétés pensées und geheimen Gesellschaften[23] erzeugten im 18. Jahrhundert aus der Philosophie der Aufklärung in Frankreich ein derart explosives Gemisch, daß ein verhältnismäßig kleiner Funke – der Sturm auf die Bastille 14. Juli 1789 – genügte, um die Französische Revolution auszulösen, den Pöbel zur Herrschaft zu bringen und jenes Schreckensregiment – le terreur – im Namen der Göttin „Vernunft" zu installieren, das in wenigen Jahren rund einer Million „Feinden der Republik" ihr Leben kostete. Die dabei angewandten Methoden – etwa beim Genozid in der Vendée – übertrafen in ihren Greueln alles bisher Dagewesene.[24]

22 E. v. Kuehnelt-Leddihn, a. a. O. (FN 18), S. 440.
23 Über die Rolle dieser Salons und Gesellschaften A. Cochin: La Revolution et la Libre-Pensée, Paris 1956; H. Reinalter: Freimaurerei und Illuminatenorden. Von den Mysterien der Aufklärung, in: G.-K. Kaltenbrunner: Geheimgesellschaften und der Mythos der Weltverschwörung. Herderbücherei Initiative, Bd. 69, München 1987, S. 129ff. Sowohl bei Reinalter wie am Schluß des Bändchens reiche Literaturangaben über die Rolle der Freimaurer und anderer Geheimgesellschaften bei der Vorbereitung von Revolutionen.
24 K. Weißmann: Die Vendée – der Friedhof Frankreichs, in: MUT, H. 261, Asendorf 1989, S. 24. Weißmann stützt sich auf die Arbeiten des französischen Historikers Reynold Secher, der von einem „Genocid franco-français" spricht. Die Grausamkeiten sind eindrücklich dargestellt auch bei E. v. Kuehnelt-Leddihn, a. a. O. (FN 18), S. 14ff.

Die anfängliche Begeisterung der besten Köpfe in den deutschen Landen für die „Errungenschaften" der Französischen Revolution – die Déclaration des Droits de l'Homme, die Abschaffung der Monarchie, des Adels, der Stände und der Privilegien der Kirche sowie die Errichtung der Demokratie – verflog sehr rasch und machte noch um die Wende vom 18. zum 19. Jahrhundert einer Gegenbewegung Platz, die zur Hochblüte des Idealismus führte. Seit Kant, Fichte, Schelling und Hegel ist Idealismus gleichbedeutend mit „Deutschem Idealismus" und der Idealismus die Philosophie der Deutschen. Der so ganz andere wie der französische oder englische Nationalgedanke der Deutschen ist eine Frucht des Deutschen Idealismus. Die Deutschen verdanken ihm ihre Identität, aber auch ihren „Sonderweg" durch die Geschichte der jüngsten Vergangenheit. Zum Unterschied zu den aus der Aufklärung stammenden Ideen, gründen sie die Einheit der Nation und den Staat nicht auf willkürlichem „Volkswillen", individuellen Menschenrechten und rationalem Nutzenkalkül, sondern auf Sittlichkeit und Glaubensüberzeugung. Durch ihren Idealismus werden für die Deutschen Volk, Nation und Staat zu metaphysischen Begriffen und Gütern eigener Objektivität und Wirklichkeit. Volk und Staat zu dienen, gehört zur ersten Pflicht des Königs und noch zu der des geringsten Bürgers.

Die Wirkung der idealistischen Philosophie auf die Bildung der deutschen Nation wurde durch eine Reihe von Faktoren noch verstärkt. Den Deutschen wurden in dieser Zeit ihre beiden größten klassischen Dichter geschenkt, die die Entwicklung des Deutschen Idealismus aufmerksam begleiteten und förderten, Goethe und Schiller. Die Romantik brachte die zum Teil verschütteten Quellen des „Volksgeistes" mit ihren Dichtungen, Erzählungen, Romanen, Geschichten, Märchen und Mythen aufs neue zum Sprudeln. Hölderlin „erfüllte mit Göttern die himmlischen Hallen" und erweckte das Interesse an den griechischen Wurzeln der deutschen Kultur. Jetzt wurden Fluß und Landschaft wieder beseelt, und die gemüthafte Seite des Menschen fand Befriedigung.

Dazu trat das Phänomen Napoléon, Produkt von Aufklärung und Französischer Revolution, gewissermaßen „der Weltgeist zu Pferde", der ganz Europa mit Krieg überzog und den Völkern seine Bedingungen diktierte. Frankreich und die es prägende Ideologie der Aufklärung wurden zum Feind, von dem es sich schnellstmöglich zu befreien galt.

Mit dem geistigen Rüstzeug, das der Deutsche Idealismus einbrachte, wurden die Freiheitskriege zu einer „heiligen Sache", die das Werden der Deutschen Nation noch beschleunigte.

Die Überwindung der Moderne durch den Idealismus

Doch von dieser Leistung für die „verspätete Nation" und ihre Identität ganz abgesehen, ist der Deutsche Idealismus genauso wie der griechische ein Geschenk an die Welt und Gemeingut der Menschheit. Wenn wir heute vom Ende der Moderne sprechen, dann wurde dieses Ende durch die geistige Überwindung der Aufklärung im Deutschen Idealismus eingeleitet und vorweggenommen. Einige Schlüsselmomente dieser Überwindung seien hervorgehoben:

- die philosophische Begründung der sittlichen Würde des Menschen und der Unverzichtbarkeit, Gott, Freiheit und Unsterblichkeit als ihre Bedingungen anzunehmen;[25]
- die Begründung der Wissenschaft auf Denknotwendigkeit statt auf „Erfahrung". („Es ist der Verstand, der der Natur die Gesetze vorschreibt, nicht umgekehrt!");[26]
- die Überwindung des (dialektischen) Materialismus durch den Begriff der Vernunft (des Geistes) als „Selbstsetzung" und damit „Freiheit" („Geist wird aus Geist, und nicht aus Stoff", etwa im Wege der „Evolution");[27]

---

25 I. Kant: Kritik der praktischen Vernunft (1788): Ohne Freiheit, sich zwischen Gut und Böse zu entscheiden, keine sittliche Würde; ohne höchstes Gut, das wir Gott nennen, keine sittliche Wertordnung oder Ethik; ohne den Glauben an die Unsterblichkeit und das jenseitige Schicksal der Seele kein Grund, sich sittlich zu verhalten.

26 I. Kant: Kritik der reinen Vernunft (1781): Synthetische Urteile a priori können nicht aus der Erfahrung abgeleitet werden. Jedem Experiment geht eine Theorie („Hypothese") voraus, jede (wissenschaftliche) Beobachtung ist bereits „value loaded". Selbst was „Natur" ist, bestimmen wir durch unseren Verstand mit Hilfe eines Begriffs. Für Fichte ist daher „der Begriff der Weltenschöpfer".

27 J. G. Fichte: Wissenschaftslehre (1794): Bewußtsein beruht auf der Selbstsetzung des Ich, durch welches ich mich zum Gegenstand meines Denkens mache.

- der Aufweis der apriorischen Bedingungen möglicher Erfahrung in der Vernunft (z.b. die Anschauungsformen „Raum" und „Zeit" sowie die Urteilsformen und Verstandeskategorien);[28]
- die Entdeckung der Person (des „Ich") als des Trägers und Produzenten („Radikalvermögen") aller Erkenntnis;[29]
- die Entdeckung des vom Subjekt und seinen Neigungen vollkommen unabhängigen „moralischen Gesetzes" (des „kategorischen Imperativs") durch Vernunftschluß;[30]
- die Erfassung der Natur des Gewissens in der menschlichen Person (des „Deus in nobis");[31]
- die Erkenntnis, daß „Gott der tiefste Grund der moralischen Ordnung, der Übereinstimmung der Geister und ihrer gemeinsamen Sinnenwelt ist";[32]
- die Methode der „intellektuellen Anschauung" (Ideenschau, Intuition) zur Erfassung des Wesens von Dingen und Erscheinungen (durch Sammlung, Kontemplation, unio mystica als Ausdruck der „Vermählung" oder „Identität" von Subjekt und Objekt, auch Introspektion, Anamnesis, Eingebung);[33]
- der Begriff des Denkens als Verarbeitung („Vergegenständlichung") von Ideen, die durch die Eingebung „erfaßt" wurden, nach logischen Schritten;[34]
- die Begründung der Wahrheit auf der Einheit von Denken und Sein;[35]

---

28 I. Kant: Kritik der reinen Vernunft; Kritik der Urteilskraft (1790).
29 I. Kant: Kritik der reinen Vernunft.
30 I. Kant: Kritik der praktischen Vernunft.
31 I. Kant: Opus postumus. Dieses erst 1938 von G. Lehmann herausgegebene Opus bildet ein wichtiges Bindeglied zwischen Kants Kritizismus und dem Deutschen Idealismus.
32 J. G. Fichte: Bestimmung des Menschen (1800).
33 F. W. Schelling: System des transzendentalen Idealismus (1800); Philosophie der Kunst (1802).
34 F. W. Schelling: (FN 33).
35 G. W. F. Hegel: Logik (1812–1816).

- die Begründung der Ethik (Wert, Norm, Recht) auf der Vollkommenheit des Seins („Wertaussagen sind Seinsaussagen", nicht subjektive Empfindungen);[36]
- die Gründung des Staates auf die Idee des Sittlichen („der Staat ist die Wirklichkeit der sittlichen Idee"), nicht auf dem Nutzen oder der Willkür von Meinungen und Abstimmungen;[37]
- die (theoretische) Entwicklung des „organischen" Staatsaufbaues (mit gesellschaftlichen Lebenskreisen, Verbänden oder „Ständen");[38]
- die Komplementarität von Herrschaft und Opfer als Begründung für jeden Führungsanspruch in der Gesellschaft;[39]
- der Begriff der communio als Wesenskern der Gemeinschaft (Bloßlegung der sakralen Wurzeln der natürlichen Gemeinschaften und ihrer Institutionen);[40]
- das Erfassen der „vormateriellen" (geist- und seelenartigen) Wurzeln der anorganischen und organischen Natur und die Berücksichtigung dieser Wurzeln im Verhältnis des Menschen zur Natur („Ökologie", Lebensganzheit);[41]
- das Verstehen des künstlerischen Schaffens als Ideengestaltung („Kunst ist Versinnlichung des Heiligen");[42]

---

36 G. W. F. Hegel: Grundlinien der Philosophie des Rechts (1821).
37 „Die Idee (Anm.: das „Wesen", die „Substanz", die „Natur") des Rechts ist die Freiheit", „die Idee der Freiheit ist die Sittlichkeit", „die Substantialität der Sittlichkeit und des Staates ist die Religion." „Es ist Gottes Gang durch die Welt, daß der Staat ist". Auf diesem, von Hegel in beispielloser Schärfe herausgearbeiteten Zusammenhang von Recht, Freiheit, Sittlichkeit, Staat und Religion beruht die Staats- und Gesellschaftsauffassung des Deutschen Idealismus. Die Zitate finden sich in der angeführten Reihenfolge in: Rechtsphilosophie, § 1; ebenda, § 4; Enzyklopädie, § 552; Rechtsphilosophie, § 258.
38 G. F. W. Hegel: Grundlinien der Philosophie des Rechts (1821).
39 Näheres bei L. Ziegler: Von Platons Staatheit zum christlichen Staat, Olten 1948; vgl. auch: F. Romig: Herrschaft und Opfer. Zum 5. Todestag Leopold Zieglers, in: Zeitschrift für Ganzheitsforschung, 7. Jg. H. 3/1963, S. 114ff.
40 Dieser Gedanke durchzieht das gesamte Werk von F. X. v. Baader. Vgl. dazu die Einführung von J. Sauter in: Franz von Baaders Schriften zur Gesellschaftsphilosophie, Slg. Herdflamme, Bd. 14, Jena 1925, S. 664ff.
41 F. W. Schelling: Ideen zu einer Philosophie der Natur (1797).
42 F. W. Schelling: Philosophie der Kunst (1802).

- die Interpretation der Geschichte als Kampf um die Versittlichung des Menschengeschlechts („Fortschritt im Bewußtsein der Freiheit");[43]
- die Erkenntnis der Gottverwandtschaft des Menschen (Teilhabe des Menschen an der Natur Gottes oder Gottes Geist); [44]
- das Begreifen des Denkens und wahren Erkennens als Offenbarung Gottes im Geist („Lichtung des Seins").[45]

Mit jedem dieser Momente – und hinter jedem einzelnen Moment verbirgt sich eine ganze Theorie! – steht der Idealismus aufs schroffste gegen die Philosophie der Aufklärung und der Moderne. Kants Entdeckung des Apriori sowie der übersubjektiven Verstandesbegriffe oder „Transzendentalien", die „Selbstsetzungslehre" Fichtes, die Naturphilosophie und Identitätslehre Schellings und schließlich Hegels grandiose Logik, die alle Momente aus einem einzigen Gedanken, dem sich selbst schaffenden und bewußtwerdenden Geist, ableitet, widerspricht Empirismus, Positivismus, Sensualismus, Subjektivismus, Utilitarismus, Rationalismus und damit der „Aufklärung" in jeder nur denkbaren Weise. Im Urteil des Idealismus stellt die gesamte Aufklärung und ihre Manifestation in der Moderne einen „Irrweg der Vernunft"[46] dar. Wie recht er damit hat, zeigt sich heute in der radikalen Existenzbedrohung des Menschen und der Welt. Statt Befreiung führte die Moderne zu Entfremdung und Verdinglichung des Menschen mit dem Verlust der Humanität. Infolge seiner Gottverlassenheit wurde das 20. Jahrhundert zum „Jahrhundert des Massenmordes". Statt Rationalismus kam es zur gigantischen Verschwendung der Ressourcen und

---

43 G. F. W. Hegel: Vorlesungen über die Philosophie der Geschichte (1840, editiert von K. Hegel).
44 Dieser Grundgedanke aller Religion wird im Deutschen Idealismus von Fichte besonders deutlich hervorgehoben. Vgl. J. G. Fichte: Anweisungen zum seligen Leben (1806).
45 F. X. v. Baader: Über das durch unsere Zeit herbeigeführte Bedürfnis einer innigeren Vereinigung der Wissenschaft und der Religion (1824).
46 So das Urteil des wohl bedeutendsten Kritikers der modernen positivistischen Wissenschaftstheorie P. Feyerabend, in: Irrwege der Vernunft (Titel der Originalausgabe: Farewell to Reason), Frankfurt / M. 1989.

zur Umweltzerstörung. Die moderne „Dreifaltigkeit von Naturwissenschaft, Technik und Industrie"[47] verwandelte Nutzen in Verdinglichung, Verschwendung, Zerstörung.[48] Der Liberalismus wurde zur „lmmunschwäche Europas".[49] Unter dem Mantel der Demokratie entstanden die neuen „stählernen Gehäuse der Hörigkeit" (Max Weber). Freihandel und Marktwirtschaft resultierten in der totalen Verschmelzung von Politik und Geschäft, staatlicher Bürokratie und Industrie, Großforschung und Machtstreben, Massenkommunikation und -kontrolle, Hochfinanz und Spekulation, Korruption und Administration.[50]

Wie sehr es unter der Oberfläche brodelt, deuten die immer wieder blasenartig aufsteigenden Bewegungen und „Revolten wider die moderne Welt"[51] an: Jugendbewegung, Hippies, Flower-Power, Aussteiger, Kontrastgesellschaften, Basisgemeinden, Kulturrevolution, Rote-Armee-Fraktion, Bürgerrechts- und Friedensbewegung, New Age, Sektenwesen, Bürgerwehr, außerparlamentarische Opposition, Neue Linke, Neue Rechte, Befreiungstheologie, Kommunitarismus u. a. m.

Obwohl alle diese Bewegungen idealistische Ansätze speziell in der Gründungsphase aufweisen, übernehmen die meisten von ihnen mit

---

47 E. Chargaff, einer der berühmtesten Naturwissenschafter des 20. Jahrhunderts und Mitbegründer der Vererbungschemie und damit der Gentechnik, wird nicht müde, auf die zerstörerische Wirkung dieser modernen Dreifaltigkeit immer wieder hinzuweisen. Vgl. dazu seine Würdigung von F. Romig: Erwin Chargaff – Ein Monument des Widerstandes gegen die Dehumanisierung der Welt, in Neue Ordnung, H. 4, Graz 1989, S. 9ff.

48 Dies die These von M. Horkheimer und Th. W. Adorno, in: Dialektik der Aufklärung, Frankfurt / M. 1947.

49 K. Krenn: Der Liberalismus könnte zur Immunschwäche Europas werden, Interview in: DIE PRESSE, Wien, 14. März 1992, S. 3. Vgl. auch: F. Romig: Warum ist der Liberalismus die Immunschwäche Europas? Das Problem der Freiheit aus katholischer Sicht, in: Theologisches (Katholische Monatsschrift), Jg. 27, H. 10, Bad Honnef 1997, S. 395–403.

50 H. Marcuse: Der eindimensionale Mensch. Studie zur Ideologie der fortgeschrittenen Industriegesellschaft, Neuwied 1968; F. Romig: Marktwirtschaft vs. Konservative Wirtschaftsauffassung, in: CRITICÓN, H. 121, München 1990, S. 241f.

51 So die wörtliche Übersetzung eines Kultbuches der Konservativen Revolution von J. Evola: Rivolta contra il mondo moderno, Madrid 1934, dtsch. Erhebung wider die moderne Welt, Stuttgart 1935.

dem Fortschreiten und Ausbreiten ihrer Organisation das Programm der Aufklärung und werden dadurch von der Moderne bald wieder aufgesaugt. Sie scheuen die „saure Arbeit am Begriff" und zerstieben nach kurzer Modezeit wie Seifenblasen. In gewissem Sinn gilt das eben Gesagte auch für alle Großparteien der Demokratien, die christlichen Demokraten, Sozialisten, Liberalen, Grünen, Republikaner, Nationalen und Konservativen (in vielfacher Weise auch kombiniert und gemischt, z. B. Sozialliberale, Liberalkonservative, Nationalliberale), die alle der Moderne verhaftet und mit ihr heute an ihrem Ende angekommen sind und sich totlaufen.

Letzte Ausprägung des Deutschen Idealismus: die Ganzheitslehre

Seine letzte große systematische Ausprägung fand der Deutsche Idealismus in der „Ganzheitslehre" des Österreichers Othmar Spann (1878–1950). Armin Mohler, der Monograph der Konservativen Revolution, meint, „Othmar Spann und seine Schule haben ihr das durchgearbeitetste Denksystem geliefert".[52] Das Werk Othmar Spanns, heute in einer vorbildlich edierten Gesamtausgabe[53] vorliegend, umfaßt 21 Bände, alle Bereiche des geistigen Lebens, von der Naturphilosophie über die Gesellschaftslehre bis zur Religionsphilosophie und zur deutschen Mystik erfassend. Seine Dogmengeschichte der Nationalökonomie erlebte bis heute 28 Auflagen. Er schuf „im Laufe seines Lebens ein keinen Bereich der Welt vernachlässigendes System, eine geradezu kathedralische ‚summa', deren Geschlossenheit, Weite und spekulative Energie an Leibniz und die großen metaphysischen Würfe des Deutschen Idealismus gemahnen", urteilt Gerd-Klaus Kaltenbrunner in seinem einfühlsamen Portrait Othmar Spanns.[54] Für Veit Pittioni, der ihm eher kritisch gegenübersteht, ist Spann „der größte öster-

---

52 A. Mohler: Die Konservative Revolution in Deutschland 1918–1932, 2. Aufl., Darmstadt 1972 (Ergänzungsband 1989), S. 203.

53 W. Heinrich u.a. (Hrsg.): Othmar Spann-Gesamtausgabe, Graz 1963–1979.

54 G.-K. Kaltenbrunner: Vom Geist Europas. Landschaften – Ideen – Gestalten, Asendorf 1987, S. 387.

reichische Philosoph dieses Jahrhunderts,... (dessen Werk) in philosophischer Hinsicht jenem des Wiener Kreises, Wittgensteins und Poppers zusammengenommen weit überlegen ist".[55]

Spann, „eine der markantesten Gestalten des geistigen Lebens
Wiens zwischen den beiden Weltkriegen",[56] hat, was nur wenigen akademischen Lehrern gelungen ist, schulestiftend gewirkt: Heute be-
siedeln bereits zahlreiche Enkelschüler Lehrstühle in aller Welt. Durch
die Emigration haben seine Ideen vor allem in den USA ihren Nieder-
schlag gefunden, und von dort strömen sie geradezu als Modephiloso-
phie heute wieder nach Europa zurück. „Tiefen- und Gestaltpsycholo-
gie, integrale Anthropologie, Holismus und die in den angelsächsischen Ländern aufkommende Systemtheorie, ganzheitliche Biologie,
ganzheitliche Medizin, ganzheitlicher Landbau, ganzheitlicher Wald-
bau, ganzheitliche Umweltpflege, ganzheitlicher Wasserbau, ganz-
heitliche Raumordnung, ganzheitliche Infrastruktur, ganzheitliche
Betriebslehre und Städtegestaltung, Ganzheitsmethoden in Didaktik
und Pädagogik, ganzheitliche Kosmologie, ganzheitliche Kybernetik
und viele ähnliche Disziplinen bezeugen, was sich in den letzten Jahren
hier weitausgreifend entwickelte."[57]

Es ist nicht zuviel gesagt, wenn wir „Wendezeit" und „Neues Denken" als in Spanns Arbeiten eingeleitet und vorweggenommen bezeichnen, wobei die Verbindungen oft verschlungene Wege gehen und

55 V. Pittioni: Othmar Spanns Ganzheitslehre in neuer Interpretation, in: CON-
   CEPTUS, Zeitschrift für Philosophie, 18. Jg., H. 43, Wien 1984, S. 4.
56 E. Molden: Das Wort hat Österreich. Beiträge zur Geschichte der Zweiten
   Republik, Wien 1953, angeführt von J. H. Pichler (Hrsg.): Othmar Spann oder
   Die Welt als Ganzes, Bd. 4 der Monographien zur österreichischen Kultur-
   und Geistesgeschichte, Wien 1988, S. 17. Der Band eignet sich hervorragend
   für eine Einführung in Spanns Denken.
57 W. Becher: Der Blick aufs Ganze. Das Weltbild Othmar Spanns, München
   1985, S. 121.

vielen Autoren gar nicht bewußt ist, daß sie in der Tradition Spanns stehen.[58]

Spanns gesamtes Streben zielte nach seinen eigenen Worten auf „die Wiederherstellung des Idealismus auf allen Gebieten der Philosophie".[59] Wie für Hegel, doch unter Verzicht auf die zwanghaft einengende Methode der Dialektik, so ist auch für Spann die Welt als ein einziger „Schöpfungsgang des Geistes" zu begreifen, der von einer Urmitte oder Urganzheit, dem dreifaltigen Gott, seinen Ausgang nimmt und sich in seiner geistigen und natürlich-stofflichen Schöpfung auf ganzheitliche Weise manifestiert. Ganzheit ist bei Spann der Name für Gemeinschaft oder „Gezweiung". Das innerste Wesen der Gemeinschaft ist die Liebe oder communio. Die communio des Menschen mit Gott begründet die communio der Menschen untereinander, das ist die Gesellschaft, und schließlich die communio des Menschen mit der Natur. Der Aufweis der ganzheitlichen oder gemeinschaftlichen Struktur der Schöpfung wird bei Spann zu einem einzigen Gottesbeweis.[60] Das hat ihm vor allem in den zwanziger und dreißiger Jahren des vergangenen Jahrhunderts den Vorwurf eingetragen, er gründe seine Lehre auf idealistische Metaphysik, thomistische Scholastik und deutsche Mystik. Heute, da jede ernst zu nehmende Philosophie an transzendente Ideen anknüpft und selbst den Rückbezug auf sinngebende Mythen nicht ausschließt,[61] wiegen solche Vorwürfe leicht. Spann hat sie auch

---

58 F. Capra: Wendezeit. Bausteine für ein neues Weltbild (Titel der Originalausgabe: The Turning Point), München 1988; Das neue Denken (Titel der Originalausgabe: Uncommon Wisdom. Conversations with Remarkable Poeple), 2. Aufl., Bern 1990. Die Verbindung Capras zu Spann dürfte über seine Mutter gelaufen sein, die Dichterin Inge Teufenbach. Sie nahm intensiv am geistigen Leben im Wien der Zwischenkriegszeit teil und kam dabei auch mit dem Spann-Kreis in Berührung.

59 O. Spann: Der Schöpfungsgang des Geistes. Die Wiederherstellung des Idealismus auf allen Gebieten der Philosophie, Gesamtausgabe Bd. 10, Graz 1969, S. XV (Wiedergabe des Titelblatts der 1. Aufl. von 1938).

60 So im letzten Abschnitt seiner Kategorienlehre, den er überschreibt: „Der Gottesbeweis aus dem Begriff der Ganzheit". O. Spann: Kategorienlehre, 3. Aufl., Bd. 9 der Gesamtausgabe, Graz 1969, S. 362.

61 K. Hübner weist grundlegende Mythen neuerdings sogar für die Aufklärung und ihre wissenschaftlichen Methoden nach. Vgl. K. Hübner: Die Wahrheit des Mythos, München 1985, S. 289.

damals nicht zurückgewiesen, sah er doch in der Wiederannäherung von Glaube und Wissen, Offenbarung und rationaler Philosophie, Metaphysik und Physik, Heiligem und Profanem seine eigentliche Aufgabe und wissenschaftliche Leistung. Denn die mit den Nominalisten einsetzende und immer weiterschreitende Trennung dieser Bereiche war für ihn der Grund für die lebensbedrohende Krise des gegenwärtigen Zeitalters. Gegen sie anzukämpfen, scheute er weder wissenschaftliche Auseinandersetzung noch Verunglimpfung und Verfolgung seiner Person. Mit unerbittlicher Schärfe kämpfte er gegen Marxismus und Liberalismus, die er beide als Ableger der Aufklärung, dieser „Philosophie der Plattheit", erkannte, in der „mechanistisches" und „atomistisches" oder „individualistisches" Denken vorherrscht, das alles „organische" Leben in Gesellschaft und Natur bedroht.[62] Dazu kam, daß er als einer der ersten die biologistisch-evolutionistische Rassentheorie des Nationalsozialismus als Ausfluß der Moderne kritisch bewertete und ablehnte. Spann wurde sofort nach dem Einmarsch 1938 verhaftet und mit Vorlesungsverbot belegt. An der Wiederaufnahme seiner Vorlesungen nach dem Krieg hinderten ihn dann die Linken.[63] Sie hatten ihm seine durchdringende Marxkritik[64] nicht vergessen. Und außerdem war Spann für sie, die ihre eigene Anschlußbegeisterung noch 1945 rasch verdrängten, zu deutschnational.

Das war Spann, wie sein immer wieder nachgedruckter Vortrag „Vom Wesen des Volkstums. Was ist deutsch?"[65] beweist, in der Tat. Obwohl er sich nie einer politischen Partei anschloß, hatte er für das von Adam Wandruszka so genannte „Dritte Lager" zusammen mit Srbik und Nadler eine ganz hervorragende Bedeutung. Seine „Vorle-

---

62 O. Spann: Der wahre Staat. Vorlesungen über Abbruch und Neubau der Gesellschaft, 5. Aufl., Bd. 5 der Gesamtausgabe, Graz 1972.

63 Der Kommunist und ehemalige Kulturstadtrat von Wien, Viktor Matejka, rühmt sich, daß er Spann (wie auch Nadler) mit Brachialgewalt am Betreten der Universität gehindert und die Wiederaufnahme seiner Vorlesungen verhindert habe. V. Matejka: Anregung ist alles. Das Buch Nr. 2. Wien 1991, S. 118.

64 O. Spann: a. a. O. (FN 62), S. 138–201.

65 O. Spann: Vom Wesen des Volkstums. Was ist deutsch?, in: O. Spann: Kleine Schriften zur Wirtschafts- und Gesellschaftslehre, Bd. 8 der Gesamtausgabe, Graz 1975, S. 7–46.

sungen über Abbruch und Neubau der Gesellschaft"[66] mußten schon
1920 mit Lautsprechern in mehrere Hörsäle der Wiener Universität
übertragen werden, damit auch die aus anderen Hochschulen Wiens
zusammenströmenden Studenten ihnen folgen konnten. Selbst ein so
spezielles Vorlesungsthema wie „Meister Eckeharts mystische Philosophie"[67] erlebte einen Hörerzustrom, dem die Universität kaum ge-
wachsen war. An der Formierung und geistigen Ausrichtung des nationalen Lagers hat Spann sicher großen und von der Zeitgeschichtsfor-
schung auch keineswegs übersehenen Anteil gehabt,[68] doch blieb seine
Ausstrahlung nicht auf dieses Lager beschränkt. Auch Heimwehr und
Ständestaat zehrten von Spanns Ideen, die sie allerdings nur halb verstanden und in einer Weise verwirklichten, die Spann als „Fastnachts-
scherz" bezeichnete.

Ganzheitlich-idealistische Philosophie: Wegweiser in die Zukunft

In der Wirkung Spanns sowohl auf national- wie auf christlich-konser-
vative Kreise drückt sich ein zutiefst in seiner Lehre enthaltenes politisches Anliegen aus: die Zusammenführung der konservativen Kräfte
aus allen Lagern, die sich gegen die linksliberale kulturelle Hegemo-
nie, die das Deutschtum zu vernichten droht, noch zur Wehr setzen.
Spanns ganzheitlich-idealistische Lehre hat viel zur Aussöhnung dieser Kräfte und zum Abbau der kirchenfeindlichen Vorurteile bei vielen
Deutschnationalen beigetragen. Mit der Wiederanknüpfung seiner
Version des Deutschen Idealismus an die thomistische Philosophie und

---

66 O. Spann: a. a. O. (FN 62).
67 O. Spann: Meister Eckeharts mystische Philosophie, Bd. 18 der Gesamtausgabe, Graz 1974. Spann schloß das Manuskript, in dem er auch seine Vorlesungen verarbeitete, erst 1948 ab. Die Entdeckung der Wurzeln des Deutschen Idealismus in der deutschen Mystik ist an geistiger Bedeutung kaum zu überschätzen.
68 W. Wiltschegg: Österreich – der „Zweite deutsche Staat"? Der nationale Gedanke in der Ersten Republik, Graz 1992, S. 221 u.ö.

Soziallehre[69] hat Spann das bei vielen verlorengegangene Interesse an religiösen Fragen wiederbelebt und die religiösen Wurzeln jeder nationalen Kultur deutlich gemacht. Viele ihrem Volkstum noch verbundene Deutsche begreifen heute, daß sie mit der Kirche Schulter an Schulter gegen einen gemeinsamen Feind kämpfen, der ihre Nationalkultur auszulöschen droht. Die Devise der Deutschbewußten heißt heute nicht mehr „Los-von-Rom", sondern ihr Weg führt in die umgekehrte Richtung.[70]

Für viele von ihnen ist die Kirche nicht nur Kampfgenosse, sondern Hüterin einer geistigen Tradition, der sie sich verpflichtet fühlen. In ihrem Urteil hat die Kirche nicht nur den griechischen Idealismus in der Glaubenslehre reflektiert, bewahrt und weitergereicht von Generation zu Generation, sondern sie ist als corpus mysticum et sacrum der letzte Repräsentant des Heiligen Römischen Reiches,[71] dessen Idee sie in die Gegenwart herübergerettet hat, nicht als Musealstück, sondern als Leitgestalt einer wahrhaft europäischen Einigung und, über diese hinausweisend, der gesamten Ökumene.

Spanns gewaltiges Werk, die Wiederherstellung des Idealismus auf allen Gebieten des geistigen Lebens, hat neben seiner rein philosophischen also eine metapolitische Bedeutung, die erst nach und nach erfaßt wird. In der wissenschaftlichen Forschung hat sich heute „Ganz-

---

69 Darüber jetzt Näheres bei E. Fröhlich und F. Romig: Ganzheitslehre und Katholische Soziallehre, in: Zeitschrift für Ganzheitsforschung. Neue Folge, 44. Jg., H. 3, Wien 2000, S. 129–143.

70 Zur politischen Tragweite und politischen Wirksamkeit dieses Anliegens einige Hinweise aus Österreich: G. Golznig (A. Mölzer): Los von Rom? Das nationalliberale Lager und sein Verhältnis zur katholischen Kirche, in: AULA, H. 2, Graz 1991, S. 12ff. Die Freiheitliche Partei Österreichs (FPÖ), die das deutschnationale Lager in Österreich noch immer zu einem guten Teil repräsentiert, forderte in ihrem Parteiprogramm von 1997 (Kapitel V/2) für die „Bewahrung der geistigen Grundlagen des Abendlandes ein Christentum, das seine Werte verteidigt". Im großangelegten „Gespräche der Katholischen Kirche mit den Parteien" in Salzburg (30. April 1998) erklärte der damalige Parteiobmann Dr. Jörg Haider, daß „die Neu-Evangelisierung Europas die wichtigste *politische* Aufgabe" sei. Vgl. den Bericht über diese Tagung in: Der 13., Zeitung für Glaube und Kirche, 14. Jg., Nr. 5/1998, S. 1f.

71 C. Schmitt: Römischer Katholizismus und politische Form, München 1925, S. 8 u. ö.

heit" als Paradigma weitgehend durchgesetzt, unzählige Wissenschafter arbeiten nach ganzheitlichen Methoden. Anders in der Politik: Hier
wird erst langsam, viel zu langsam begriffen, daß die schweren existentiellen Probleme, die mit der Überwindung der Moderne auf uns zukommen, nicht auf egoistische, individualistische, liberalistische oder
machiavellistische Weise gelöst werden können, sondern nur aus einem Geiste der Gemeinschaft und der Zusammenarbeit heraus, den zu
fördern Spanns gesamte wissenschaftliche Arbeit galt.

Der Gang der Geschichte wird zuletzt immer durch die großen
Staats- und Gesellschaftsgedanken bestimmt, denen sich die Völker
zuwenden.[72] Sollte es zumindest für uns Deutsche nach der Abkehr von
der Moderne und von der Aufklärungsphilosophie nicht der Idealismus
sein, dem die Stunde schlägt, dem „echten metaphysischen,
gottsuchenden Idealismus, dieser wahrsten urtümlichen Form des deutschen Geistes…"?[73] Er nämlich schließt auf für das Einströmen des
„Heiligen", ohne welches es, wie es Martin Heidegger am Ende seiner
Tage deutlich macht, keine Rettung gibt,[74] jedenfalls nicht für uns
Deutsche.

---

72 Vgl. O. Spann: Leidlicher Austrag unleidlicher Dinge. Eine Erwiderung auf
   aberwitzige Angriffe, in: Kleine Schriften zur Wirtschafts- und Gesellschaftslehre, Gesamtausgabe Bd. 8, Graz 1975. Spann antwortete damit auf Angriffe
   insbesondere von nationalsozialistischer Seite in der von ihm herausgegebenen Zeitschrift „Ständisches Leben", 6. Jg., Berlin – Wien 1936, die wenig
   später verboten wurde.
73 O. Spann: Die Bedeutung des ständischen Gedankens für die Gegenwart, in:
   Kämpfende Wissenschaft, Bd. 7 der Gesamtausgabe, Graz 1969, S. 6.
74 M. Heidegger: Nur noch ein Gott kann uns retten. Interview in: Der Spiegel,
   H. 23, Hamburg 1976, S. 209. Das Interview durfte erst nach Heideggers Tod
   veröffentlicht werden, es ist also gewissermaßen sein „letztes Wort".

Nachwort

„Aletheia" ist das Wort der alten Griechen für „Wahrheit". Darin steckt „Lethe", in der griechischen Mythologie der „Fluß des Vergessens", aus dem die Seelen der Verstorbenen trinken, um noch vor Antritt ihres Lebens in der Unterwelt ihre Erinnerungen an die Welt zu tilgen. Die Vorsilbe „a-" bezeichnet mit ihrer negativen Bedeutung im Wort „a-letheia" das Gegenteil des Vergessens, mithin das Nichtzuvergessende, Unvergeßliche, immer zu Erinnernde und Gültige oder eben die ewiggleiche Wahrheit. Nichts anderes als an heute im Strom der Zeit fortgerissene und vom Vergessen bedrohte Wahrheiten zu erinnern, bezweckt dieses Buch.

Es faßt Aufsätze zusammen, die an sehr verstreuten Stellen erschienen und doch alle aus der konservativen Sicht des Autors hervorgegangen sind. Sie in systematischer Ordnung nachlesen und in ihrem Gesamtzusammenhang beurteilen zu können, wird vielleicht mancher Leser begrüßen, der sich an den einen oder anderen Einzelbeitrag noch erinnern kann. Der Konservativismus, dem hier in allen Lebensbereichen nachgegangen wird, bedeutet „nicht ein Hängen an dem, was gestern war, sondern ein Leben aus dem, was immer gilt".[1] Franz Josef Strauß, dem leider viel zu früh verstorbenen bayerischen Ministerpräsidenten, ist wohl beizupflichten, wenn er einst meinte, „der Konservative marschiert an der Spitze des Fortschritts". Aber welcher Fortschritt ist da gemeint? Simone Weil, die junge französische Mystikerin, die im linearen Fortschritt kein Fortkommen sah, sondern nur den geistigen und sittlichen Aufstieg als Fortschritt gelten ließ, bringt es in ihren Cahiers (1934) auf den Punkt: „On croit que, en marchant horizontalement, on avance. Non, on tourne en rond. On peut avancer que verticalement." Ganz in ihrem Sinne hat Konservativismus nichts mit dem bloßen Bewahren des Hergebrachten zu tun, sondern „das Bewahren des Ewigen im zeitlichen Wandel und die

---

1 E. A. Günther: Wandlungen der sozialen und politischen Weltanschauung des Mittelstandes, in: DER RING, 4. Jg., H. 22, Berlin 30. Mai 1931 (Monatsbeilage 5), S. 408–410.

Hinordnung des Zeitlichen, Wandelbaren auf das Ewige, Unwandelbare"[2] wird als Lebensaufgabe des Konservativen verstanden. Ist nicht gerade den Deutschen in dieser „kaiserlosen und schrecklichen Zeit" eines neuen Interregnums die Aufgabe gestellt, sich mit den alten und doch ewig jungen „Ideen des Guten, Wahren, Schönen und Gerechten" zu erfüllen und sich dem Deutschen Idealismus zuzuwenden, dieser „wahrsten urtümlichen Form des deutschen Geistes"?[3] Woher sonst, wenn nicht aus ihrem Ursprung soll die so notwendige Erneuerung der Nation erfolgen?

Die Entdeckung der Nation als der geistig-kulturellen, politischen, sozialen und wirtschaftlichen Gemeinschaft des Volkes ist das „Werk der Deutschen Romantik" und der mit ihr eng verschwisterten Philosophie des Deutschen Idealismus.[4] Im vorliegenden Buch geht es – wohl zur Überraschung vieler national gesinnter Menschen – um den Nachweis, daß die tragenden Säulen, um die sich konservatives, idealistisches Denken dreht, Mensch und Familie, Volk und Volksgemeinschaft, nationale Unabhängigkeit und Bewahrung der Heimat, keine kräftigeren Stützen finden können als die Kirche und das von ihr ausgeübte Lehramt. Wem ist schon erinnerlich, daß beispielsweise der gegenwärtige Papst Johannes Paul II. in einer großen Rede vor der UNO-Generalversammlung „die Rechte der Nation" eingemahnt hat und bemängelte, daß sie gegenüber den individuellen Menschenrechten bislang sträflich vernachlässigt wurden, sehr zum Schaden des friedvollen Zusammenlebens der Völker? Und wer weiß schon, daß derselbe Papst die „Volksgemeinschaft als die großen Erzieherin des Menschen" und als eine „Inkarnation der Arbeit der Generationen am kulturellen Erbe der Nation" feiert, der jeder einzelne Mensch seine kulturelle Identität verdankt? Und wer ist heute noch mutig genug, den „Dienst an der Heimat als Gottesdienst" zu bezeichnen?

Möge den Lesern, die die einzelnen Beiträge auf sich einwirken lassen, das, was sie an Wahrheit, Unvergeßlichem und „Nichtzuverges-

---

2 Siehe dazu den Beitrag über „Das Wesen des Konservativismus".
3 O. Spann, zitiert im Beitrag „Der Deutsche Idealismus, die Philosophie der Deutschen".
4 Siehe hierzu den Beitrag über „Die Rechte der Nation".

sendem" enthalten, sich „sanft und stark zugleich" einprägen. Vielleicht hilft es ihnen, das Lügengewirr zu durchschauen, das ihnen im
politischen Leben heute als „Freiheit", „Selbstbestimmung", „Demokratie", „Volkssouveränität", „Menschenrechte", „Zivilgesellschaft",
„Pluralismus", „Toleranz" überall entgegentritt.[5]

Hadersfeld, im Frühjahr 2002   *Friedrich Romig*

---

5 E. Sittinger: Denn Wahrheit kommt vor dem Fall, in: DIE PRESSE, Beilage
   Spectrum vom 14. Juli 2001, S. 1–2: „Politik ist ohne Unwahrheiten nicht
   denk- und nicht machbar." „Die Kunst der Politik ist die Kunst der Lüge."
   „Die Wahrheit ist der Mehrheit nicht förderlich... Wer die Wahrheit spricht,
   stört das Ritual, man könnte fast sagen: Er stört die öffentliche Ordnung." „Der
   Politiker... hat sein ganzes Leben mit der Lüge zu tun. Er ist professionell auf
   Tarnen und Täuschen konditioniert. Die politische Karriere beginnt mit Lügen,
   sie setzt sich mit Lügen fort und sie endet mit Lügen." „Und baut nicht die
   ganze Zweite Republik auf einer Lüge auf?" „Nicht der Nationalrat kontrol-
   liert die Regierung, sondern umgekehrt. Gesetze werden nicht vom Parlament,
   sondern von der Regierung beschlossen. Gewaltentrennung hin oder her, in
   Wahrheit sind Legislative und Exekutive eng miteinander verschränkt." Als
   Musterbeispiel für seine Thesen hätte Sittinger die EU-Beitrittskampagne der
   Bundesregierung anführen können. Siehe hierzu die ausführliche Darstellung
   bei M. Wilhelm: Kauf dir eine Volksabstimmung. Ein paar nachträgliche
   Details zum EU-Komplott, in: Föhn, 14. Jg., H. 23/24, Innsbruck 1997; J.
   Feldner: EU-Versprechungen und Wirklichkeit. Der erschwindelte Beitritt,
   Graz 1996.

Quellenangaben

Die in dieses Buch aufgenommenen Artikel wurden vom Autor neu durchgesehen, in der Form vereinheitlicht, teils gekürzt, um Überschneidungen zu vermeiden, teils ergänzt und aktualisiert.

Die Rechte der Nation: Erstdruck unter dem gleichen Titel in: ZUR ZEIT, Wien 15.–21. Mai 1998, Nr. 20, S. 12; Zweitdruck unter dem Titel „Das Recht der Nation" in: JUNGE FREIHEIT, Berlin 19. Juni 1998, Nr. 16, S. 16.

Was bedeuten Volk und Nation für einen Katholiken?: Erstdruck unter dem gleichen Titel in: AULA, Graz, Nr. 10/1992, S. 17–18.

Das Recht der Heimat: Erstdruck unter dem Titel „Das Recht auf Heimat aus katholischer Sicht" in: AULA, Graz, Nr. 10/1994, S. 26–28.

Das Wesen des Konservativismus: Erstdruck unter dem Titel „Das Wesen des Konservatismus im Lichte der katholischen Soziallehre" in: CRITICÓN, München 1990, Nr. 119, S. 135–139; Zweitdruck unter dem Titel „Erster Traktat – Das Wesen des Konservativismus im Lichte der Katholischen Soziallehre" in: Friedrich Romig: Um das Reich Gottes – Vier Traktate über den Konservativismus, in: Die Weiße Rose, Analytische Schriften, Bd. 1, Wiener Neudorf 1993, S. 5–18.

Herrschaft und Opfer – Zwei Schlüsselkategorien der Sozialphilosophie von Leopold Ziegler: Erstdruck unter dem Titel „Herrschaft und Opfer – Zum 5. Todestag Leopold Zieglers", in: Zeitschrift für Ganzheitsforschung, Neue Folge, 7. Jahrgang, Heft III/1963; Zweitdruck (gekürzt) unter dem Titel „Herrschaft und Opfer", in: JUNGE FREIHEIT, Berlin 10. April 1998, Nr. 16, S. 10; Neudruck unter dem Titel „Herrschaft und Opfer – Über eine zentrale These Leopold Zieglers", in: P. Wall (Hrsg.): Leopold Ziegler. Weltzerfall und Menschwerdung. Verlag Königshausen & Neumann, Würzburg 2001, S. 105–118.

Warum ist der Liberalismus die Immunschwäche Europas?: Erstdruck unter dem Titel „Liberalismus, die Immunschwäche Europas?" in: AULA, Graz, Nr. 1/1997, S. 25–27; Zweitdruck nach einem Vortrag, gehalten auf der 7. Theologischen Tagung in Fulda (2.–4. Oktober 1997) unter dem Titel „Warum ist der Liberalismus die Immunschwäche Europas? Das Problem der Freiheit aus katholischer Sicht", in: THEOLOGISCHES, Katholische Monatsschrift, Bad Honef, Jahrgang 27, Nr. 10/1997, S. 395–404.

Thomas Mann und die Demokratie: Erstdruck unter dem gleichen Titel in: ZUR ZEIT, Wien 4.–10. August 2000, Nr. 32, S. 9; Zweitdruck unter dem gleichen Titel in: AULA, Graz, Nr.10/2000, S. 34-37.

Gemeinwohl und Gerechtigkeit – Illusion oder Realität? Erstdruck unter dem gleichen Titel in: G. E. Tichy, H. Matis und F. Scheuch (Hrsg.): Wege zur Ganzheit, Festschrift für J. Hanns Pichler, Berlin 1996; Zweitdruck unter dem Titel „Gemeinwohlgerechtigkeit – Illusion oder Realität?" nach einem Vortrag, gehalten auf dem 4. Symposium zum Gedenken an Johannes Messner in der Cusanusakademie Brixen / Südtirol (16.–19. September 1997), in: R. Weiler und A. Mizumani (Hrsg.): Gerechtigkeit in der sozialen Ordnung – Die Tugend der Gerechtigkeit im Zeitalter der Globalisierung, Reihe Beiträge zur Politischen Wissenschaft, Bd. 105, Berlin 1999, S. 35–43.

„Marktwirtschaft" versus konservative Wirtschaftsauffassung: Erstdruck unter dem Titel „Marktwirtschaftliche und konservative Wirtschaftsauffassung – ein Gegensatz" in CRI-

TICÓN, München Heft 121/1990, S. 241–244; Zweitdruck unter dem Titel „Vierter Traktat – Marktwirtschaftliche contra konservative Wirtschaftsauffassung", in: Friedrich Romig: Um das Reich Gottes – Vier Traktate über den Konservativismus, in: Die Weiße Rose, Analytische Schriften, Bd. 2, Wiener Neudorf 1993, S. 23–38.

Globalisierung oder „geschlossener Handelsstaat"?: Erstdruck (gekürzt) unter diesem Titel in: JUNGE FREIHEIT, Berlin 26. Juli 1996, Nr. 31, S. 13; Zweitdruck (ungekürzt) unter dem gleichen Titel in: AULA, Graz, Nr. 3/1997, S. 21–24.

Der Deutsche Idealismus, die Philosophie der Deutschen: Erstdruck unter dem Titel „Deutscher Idealismus – Wegweiser für die Zukunft" in: L. Höbelt, A. Mölzer, B. Sob (Hrsg.): Freiheit und Verantwortung, Jahrbuch für politische Erneuerung 1993, Wien 1992, S. 23–36; Zweitdruck (ohne Fußnoten) unter dem gleichen Titel in: NEUE ORDNUNG, H. 2, Graz 2001, S. 22–27; Drittdruck (gekürzt und ohne Fußnoten) unter dem Titel „Der deutsche Idealismus, die prägende Philosophie", in: ZUR ZEIT, Wien 17.–30. August 2001, Nr. 33–34, S. 6–7.

Über den Autor

Friedrich Romig ist Dozent für Volkswirtschaftstheorie und Volks-
wirtschaftspolitik der Wirtschaftsuniversität Wien. Er war Gastdozent
an der Universität Graz und an der Technischen Hochschule Aachen.
Er selbst bezeichnet sich als Schüler seines Habilitationsvaters Walter
Heinrich und als Enkelschüler von Othmar Spann, dem Wiederbegrün-
der der ganzheitlichen Philosophie und Gesellschaftslehre. Für seine
Habilitationsschrift erhielt er den Kardinal Innitzer-Preis. Er veröffent-
lichte über 250 wissenschaftliche Arbeiten und Rezensionen, darunter:
Wirtschaft der Mitte (Bd. 72 der Stifterbibliothek), Theorie der wirt-
schaftlichen Zusammenarbeit (Bd. 1 der Beiträge zur ganzheitlichen
Wirtschafts- und Gesellschaftslehre), Die ideologischen Elemente in
der neoklassischen Theorie (Heft 177 der Volkswirtschaftlichen
Schriften), Um das Reich Gottes – vier Traktate über den Konservati-
vismus (Analytische Schriften der Zeitschrift Die Weiße Rose) sowie
Festschriftaufsätze für W. Heinrich, J. Kolbinger, E. Heintel, A. Rie-
ber, J. H. Pichler. Er war einer der Hauptmitarbeiter am „Lexikon des
Konservatismus" (Graz 1996).

Im Nährberuf war der Autor Planungsdirektor der OMV-AG, des
größten österreichischen Öl- und Chemiekonzerns.

Während der EU-Beitrittskampagne 1992–1994 war er Europabe-
auftragter der Diözese St. Pölten und Mitglied der Europakommission
der Österreichischen Bischofskonferenz.

Seit 1975 ist Romig Träger des Goldenen Ehrenzeichens für Verdienste um die Republik Österreich.

Personenregister

Sachregister

Gemeinschaft (siehe auch communio)
10–31, 43–47, 51–54, 58, 61–65,
72–75, 87, 100, 101, 106, 109, 112,
114, 131, 136, 148, 164, 169, 173,
176
Gemeinwohl 14, 43, 45, 47–50, 53,
103–116, 130, 179
Genossenschaft 14, 87
Gerechtigkeit 9, 14, 21, 43, 49, 70, 91,
95, 103–115, 129, 147, 152, 154,
158, 170
Geschichte (siehe auch Heilsgeschichte) 11, 19, 20, 30, 39, 55,
58, 67, 71, 74, 80, 86, 94, 101, 109,
118, 136, 152, 154, 157, 159, 161,
165, 168, 173
Gesellschaft 10, 14, 15, 18, 25, 34, 37,
43, 45–65, 70–74, 77, 80, 84, 87–
92, 95, 96, 101, 104–107,110–115,
120–131, 135, 136, 139, 146, 155-
159, 164, 166, 170–173, 177
Gesellschaftslehre 14, 159, 167, 172,
181
Gesellschaftsvertrag 99, 159
Gesetze 26, 37, 42, 43, 52, 81–83, 98,
106–110, 121–125, 151, 156, 157
Gewalt 12, 33, 42, 43, 49, 55–59, 67,
70, 79, 84–89, 98, 126, 155, 156,
159, 177
Gewinn 18, 118, 119, 127, 143
Gewissen 24, 42, 54, 83, 86, 91, 126,
163
Glaube 14, 17, 19, 24, 26, 41, 51, 55,
77, 78, 108, 129, 148, 157, 162,
170, 172
Gleichheit 15, 99, 131, 143, 146, 160
Glück 28, 30, 60, 74, 95, 96, 151
Gott 15–19, 23, 24, 26, 30, 34, 35, 39–
47, 54, 60–62, 69–83, 86, 90–92,
98, 107–113, 117, 129, 142, 150,
157–169, 173, 176
Grundrechte (siehe auch Menschenrechte) 11, 24

Heil, Heiligtum, Heilsgeschichte 34,
40, 42–48, 59, 67, 70, 71, 74, 78,
91, 98, 106, 109, 110, 112, 115,
120, 153
Herrschaft 37, 42, 48, 51, 53, 54, 57–
75, 80, 101, 103, 112, 129, 155–
160, 164

Hierarchie 14, 46, 47, 51, 81, 107, 130,
152
Humanismus, Humanität 15, 82, 95,
96, 113, 114, 157, 165, 166

Idealismus, idealistisch 10, 17, 50,
100, 103, 133, 169–173, 176, 180
Ideologie 38, 41, 47, 57, 58, 79, 80,
85, 88, 112, 117, 122, 124, 126,
161, 166, 172
Imperialismus 127, 132
Individualismus, individualistisch 23,
84, 87, 88, 126, 134, 155, 156, 170,
173
Industrie, Industriegesellschaft 41, 49,
51, 103, 113, 125, 130, 131, 135–
141, 147, 166
Innovation, innovativ 41, 129, 139
Institution 19, 20, 38, 57, 58, 64, 99,
112, 133, 135, 156, 164

Kampf, Klassenkampf, Kulturkampf
40, 41, 44, 47, 55, 57, 60, 62, 74,
78, 85, 88, 92, 94, 96, 103, 105,
120, 121, 126, 133, 136
Kapital, Kapitalismus 37, 48, 84, 87,
88, 105, 111, 119, 124–126, 133–
135, 140, 144, 147
Kirche 15, 19–21, 24, 29, 38–46, 52–
55, 58, 59, 77–91, 111, 114, 115,
119, 136, 152–161, 171, 172, 176
Kirchenlehrer, Kirchenväter 107, 152
Kollektivismus, kollektiv 13, 25, 32,
41, 48, 134
Kommunismus 9, 20, 29, 37, 38, 57,
72, 74, 127, 136, 137, 158, 170
Konflikte 132
Konservativ, Konservatismus, Konservativismus 37–55, 100, 115, 117–
137, 166, 171, 175
Konsum 49, 88, 111, 123, 125, 128,
131, 136, 143
Konzern 141
Korporation, Körperschaft, körper-
schaftlich 47, 50, 54, 87, 110
Kredit 126, 128, 133
Krieg 9, 11, 13, 19, 30, 34, 57, 68, 80,
94, 106, 110, 113, 120, 121, 143,
145, 160–162, 168, 169
Kultur 10–18, 21, 24–26, 32–34, 37,
39, 44–47, 57, 74, 82, 96, 101, 104,

Aus unserem Programm:

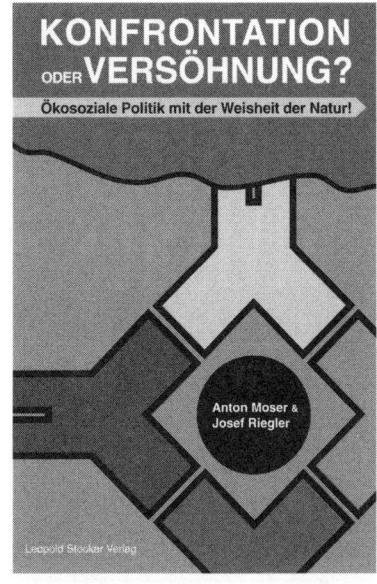

Leopold Stocker Verlag

Aus unserem Programm:

Leopold Stocker Verlag